HERMES

在古希腊神话中，赫耳墨斯是宙斯和迈亚的儿子，奥林波斯神们的信使，道路与边界之神，睡眠与梦想之神，亡灵的引导者，演说者、商人、小偷、旅者和牧人的保护神……

西方传统 经典与解释 **HERMES**
Classici et Commentarii

地缘政治学丛编
Library of Geopolitics

刘小枫◎主编

地缘政治学的黄昏

——将军与地理学家

Generals and Geographers:
The Twilight of Geopolitics

[美]汉斯·魏格特　Hans W. Weigert　｜　著

汪　瑛　｜　译

華夏出版社

古典教育基金·蒲衣子资助项目

"地缘政治学<u>丛</u>编"出版说明

在一种观点看来,地缘政治学(Geopolitics)与政治地理学(Political Geography)是一门学科的两个名称,并无实质差异。[1]人们显然不能说,地缘政治学是德语学界的惯用术语,而政治地理学是英语和法语学界的惯用术语。19世纪末的德国人文地理学家拉采尔(1846—1904)是地缘政治学的创始人,而他为这门学科奠基的大著就名为《政治地理学》(*Politische Geographie*,1897,715页)。1925年,德国的地缘政治理论家毛尔(Otto Maull,1887—1957)出版的地缘政治学教科书也名为《政治地理学》(*Politische Geographie*,Berlin,1956年修订版)。十年后,毛尔出版了一本同样性质的著作,却又名为《地缘政治学的本质》(*Das Wesen der Geopolitik*,1936)。[2]

地缘政治学与政治地理学这两个术语似乎可以互换,其实不然。仅仅从字面上看,这两个术语也有差异:政治地理学的基本要素是历史地理学,地缘政治学的基本要素则是政治学。瑞典的契伦(1864—1922)作为地缘政治学这个术语的发明者出身于政治学专

---

[1]　皮尔赛等,《世界政治地理》,彦屈远译,台北:世界书局,1975,页7。

[2]　比较 Rainer Sprengel, *Kritik der Geopolitik. Ein deutscher Diskurs. 1914–1944*, Berlin,1996。

业,而非像拉采尔那样出生于地理学专业。契伦凭靠拉采尔的政治地理学原理来建构现代式的国家学说仅仅表明,自18世纪以来,政治学越来越离不开对世界地理的政治史认识。

就学科性质而言,由于综合了史学、地理学、经济学、军事学、政治学,"地缘政治学"这个名称比"政治地理学"更恰切。毕竟,这门学问的重点在政治而非地理,地表不过是人世间政治冲突的场所。①豪斯霍弗说得有道理:费尔格里夫的《地理与世界霸权》属于"政治地理学"要著,它为理解"地缘政治学"提供了必要的知识准备。②换言之,政治地理学是地缘政治学属下的一个基础性子学科,没有某种政治学观念的引导,政治地理学仅仅是一堆实证知识。

拉采尔逝前一年出版了《政治地理学》的增订版(1903),这个版本添加了一个并列的书名"或诸国家及其贸易和战争的地理学"(*or die Geographie der Staaten, des Verkehres und des Krieges*)。这个副题准确解释了拉采尔所理解的"政治"现象的含义:"诸国家"是复数,"贸易"和"战争"是单数。这意味着,"政治"就是诸国家之间的贸易和战争。

显然不能说,这是什么了不起的新定义。自有文明记载以来,政治共同体之间的贸易和战争就是人类的基本生存经验。不过,古代与现代的地缘政治冲突有很大差别,除了"地理大发现"带来的整全的世界地理视野之外,商业技术文明的出现是这种差别的决

---

① 比较R. D. Sack, *Human Territoriality: Its Theory and History*, Cambridge University Press, 1986; J. Painter, *Politics, Geography and "Political Geography": A Critical Perspective*, London, 1995。

② 豪斯霍弗,《〈地理与世界霸权〉德译本导言》,见娄林主编,《地缘政治学的历史片段》("经典与解释辑刊"第51辑),北京:华夏出版社,2018,页63-64。

定性原因。1750年,杜尔哥(1727—1781)写下了《关于政治地理学的论著纲要》,清晰地勾勒出一幅世界地缘政治史的演进图。[①]事实上,拉采尔的《政治地理学》中的所有基本论题,都可以在杜尔哥的这篇纲要中找到。

拉采尔在《政治地理学》的"序言"一开始就说:他的老师李特尔(Karl Ritter,1779—1859)已经充分注意到地理学的"政治方面"。[②]史称李特尔为"人文地理学"的先驱人物,但我们应该知道,他因在其成名作《地球志》中探究了"黑非洲"而随即被当时的普鲁士王家军事学院聘为地理学教授。[③]由此看来,"人文地理学"这个名称虽然听起来颇为美丽,且如今已成为大学中的一门基础学科,但其诞生之初却是为欧洲各王国的世界性"政治占有"服务的自然科学。

作为古老的中国文明的后代,我们必须承认,古希腊人、罗马人乃至后来的日耳曼裔欧洲人,在地缘政治冲突方面的经历都远比我们的古人丰富。周代晚期七国争霸的内战状态,毕竟并未与西方式的地缘政治冲突交织在一起。20世纪40年代,在中国面临生死存亡之际,流亡陪都重庆的世界史学家也成立了一个"地缘政治学协会"(1941),还形成了一个"战国策派"。但因时势艰难,中国的政治地理学家很难有沉静的心态从世界历史的角度深入认识地缘政

---

① 杜尔哥,《政治地理学》,刘小枫编,《从普遍历史到历史主义》,北京:华夏出版社,2017,页99–118。

② Friedrich Ratzel, *Politische Geographie or die Geographie der Staaten, des Verkehres und des Krieges*, München, 1923(E. Oberhummer审读、增订第三版),页V。

③ 迪金森,《近代地理学创建人》,葛以德等译,北京:商务印书馆,1980,页43。

治学。

"文革"时期关于"三个世界"的普及教育,也许算得上是一种地缘政治学教育,但是,且不谈相当粗陋,它实际上并不具有整全的世界历史视野。[①]如今通过叙述"丝绸之路"的历史,我们也许可以铺展出一幅让中国史与世界史彼此交融的历史地图,毕竟,"把中国文明与西欧亚及地中海世界连接起来的通道,就是陆上和海上的丝绸之路"。[②]

然而"中西交通史"并不具有地缘政治学的视野。"丝绸之路"的历史与帝国兴衰密不可分:无论陆上还是海上的贸易通道,无不受帝国秩序掌控。何况,"'丝绸之路'根本不是什么道路,[罗马帝国和中华帝国]双方的军队无论从哪个方向都无法发动进攻"。[③]因此,叙述"丝绸之路"的历史若不能深度反映帝国间冲突的历史,难免流于商贾之谈。

太平洋战争爆发以来,美国的政治学家一方面把德国的地缘政治学说成替德意志第三帝国服务的"侵略性学科"或"伪科学",另一方面又通过大学教育以及传媒对国民普及地缘政治学知识。直到今天,美国知识界正是凭靠海上强国的地缘政治观纵论国际政治时局,才掌握着主导国际政治格局的话语支配权。

由于种种历史的原因,我国学界对世界地缘政治学的认识迄今

---

① 比较国营东光无线电器材厂工人理论组/吉林师范大学地理系73级工农兵学员编,《三个世界》,长春:吉林人民出版社,1975。

② 张国刚,《胡天汉月映西洋:丝路沧桑三千年》,北京:生活·读书·新知三联书店,2019。

③ 奎斯特,《国际体系中的进攻与防御》,孙建中译,上海:上海人民出版社,2008,页36。

仍然相当局促,这与我们缺乏相关的知识储备有关。为了改变这一情形,本工作坊开设了这个系列,聚焦于19世纪末以来形成的地缘政治学文献,原典和研究性著作并重,为我国学界在新的国际政治形势下进一步开阔眼界尽绵薄之力。

刘小枫

2018年春

古典文明研究工作坊

目　录

中译本说明

李世祥

太平洋战争1941年底爆发后,美国数年内有多部地缘政治学著作问世,《地缘政治学的黄昏》就是其中之一。[①] 战争的降临使美国学界意识到研究地缘政治学的迫切性和重要性。他们反复絮叨古罗马诗人奥维德的一句名言:"敌人是最好的老师。"1941年12月11日,德国对美宣战,美国当时的"敌人"是谁已不言而喻。不过,美国地缘政治学者眼中的"敌人"则更为具体,即他们的思想之敌豪斯霍弗。

德国地缘政治学家豪斯霍弗一直因其与纳粹的瓜葛而备受争议。他是德国地缘政治学派的奠基者、《地缘政治学杂志》的创办人,还是副元首赫斯的老师。据说,希特勒臭名昭著的《我的奋斗》也是受到豪斯霍弗的启发才撰写出来的。时至今日,

---

① Andreas Dorpalen, *The World of General Haushofer: Geopolitics in Action*, New York: Farrar & Rinehart, 1942. Robert Srausz – Hupé, *Geopolitics: The Struggle for Space and Power*, New York: Putnam's, 1942. Derwent Whittlesey, *German Strategy of World Conquest*, New York: Farrar & Rinehart, 1942. Johannes Mattern, *Geopolitik, Doctrine of National Self Sufficiency and Empire*, Baltimore: John Hopkins Press, 1942. Russell Hunt Fifield and George Etzel Pearcy, *Geopolitics in Principle and Practice*, Boston: Ginn, 1944. Andrew Gyorgy, *Geopolitics: The New German Science*, Berkeley and Los Angeles: University of California Press, 1944.

仍有西方学者对豪斯霍弗大加挞伐,称其要对纳粹的野蛮侵略负责。2016年,加拿大史学家赫维格(Holger Herwig)出版《地缘政治学的恶魔》一书,副标题就是"豪斯霍弗如何'教育'希特勒和赫斯"。[①] 不过,也有人从一开始就反对这种妖魔化的处理方式,毕竟"辱骂和恐吓绝不是战斗"。美国乔治敦大学国际关系学教授魏格特就持这种立场。

魏格特1902年出生于柏林,1926年获得弗赖堡大学民法及教会法博士学位,早年曾担任执业律师。1938年,魏格特到美国避难,1939年到三一学院任教,先后又在匹兹堡大学、卡尔顿学院和芝加哥大学任教。1947年到1951年期间,魏格特曾出任美国驻德国总法律顾问办公室德国司法处主任。魏格特的主要研究领域就是地缘政治学和政治地理学,著有《地缘政治学的黄昏》(1942)、《世界指南针》(*Compass of the World*,1944)、《世界新指南针》(*New Compass of the World*,1949)和《政治地理学原理》(*Principles of Political Geography*,1957)。

在魏格特眼中,豪斯霍弗是敌人而非恶魔。豪斯霍弗对希特勒的影响力远没有人们想象的那么大,他也算不上纳粹的铁杆儿支持者。在反犹及进攻苏联问题上,豪斯霍弗与希特勒有着难以弥合的分歧。此外,豪斯霍弗的妻子玛莎(Martha Mayer‑Doss)有犹太血统,儿子阿尔布莱希特(Albrecht Haushofer)因涉嫌刺杀希特勒而被党卫军秘密处决。魏格特认为,不考虑这些复杂的历史情境而片面地将"豪斯霍弗及其学派斥为纳粹主义野蛮的权力欲望",这样做"荒谬且危险"。但魏格特

---

① Holger Herwig, *The Demon of Geopolitics: How Karl Haushofer "Educated" Hitler and Hess*, Lanham: Rowman & Littlefield, 2016.

对豪斯霍弗的同情也就止步于此。

魏格特在前言中明确表示,他写的是一本"政治书",不是"科学研究"。魏格特并不在乎地缘政治学被斥为伪科学。相反,他坦率承认,地缘政治学根本做不到科学所要求的客观中立。用当下的流行话语来讲,魏格特无意写"有知识无立场"的东西。他的立场就是美国人的立场,是战时美国的立场。政治地理学是地理学的产物,地缘政治学属于政治学的范畴,并且是非常贴近政治现实的政治学。与前者的静态研究相比,地缘政治学是"旨在预测未来"的动态学问。从这个意义上讲,地缘政治学很难超越国家的维度,只可能是德国的地缘政治学,或者英国、法国、美国的地缘政治学。鉴于地缘政治学对于国家的重要意义,美国必须要建立自己的地缘政治学。

如果向敌人学习,美国必须向这一领域的先行者德国人学习。但豪斯霍弗的老师又是谁呢? 这是魏格特首先想回答的问题。只有厘清德国地缘政治学的思想源头,人们才能明白其来龙去脉。按魏格特的分析,豪斯霍弗的老师有三位:斯宾格勒、拉采尔和麦金德。斯宾格勒的悲观主义和宿命论、拉采尔的空间理论以及麦金德的心脏地带理论,这些都对豪斯霍弗产生了深远的影响。在早期的豪斯霍弗研究者中,只有魏格特对豪斯霍弗与斯宾格勒内在的思想关联做过深入细致的分析。对中国读者来说,豪斯霍弗与后两者的关系较为容易理解,把斯宾格勒视为豪斯霍弗的老师却令人有些困惑。斯宾格勒不是地理学家,更称不上地缘政治学家,他的《西方的没落》似乎和地缘政治学也没什么直接关系。在魏格特看来,斯宾格勒为豪斯霍弗的世界观提供了原始动力。斯宾格勒的预言是德国地缘政治学的底色,反复出现在豪斯霍弗自己的预言中,即有色人种的革命将动摇世界的根基,拉开西方没落悲剧的最后一幕。这也恰恰是魏格特对豪斯霍弗提出尖锐批评的一个重要依据。

在魏格特看来,即使与纳粹政权的侵略没有直接关联,豪斯霍弗也应对德意志民族的对外扩张负责。他把生存空间和心脏地带改造成使德国摆脱耻辱、发展壮大的理论工具。每个国家为了生存都会扩大自己的空间,德国的扩张正是基于这一自然法则。豪斯霍弗创建的地缘政治学派教育年轻一代去了解并应用生存空间增长的法则。豪斯霍弗也在向敌人学习,他将英国地理学家麦金德视为地缘政治学的大师,将心脏地带整合到德国的大战略之中。通过回顾世界史,麦金德提出,决定历史走向的是"欧亚大陆内部巨大的核心与外部较小的边缘地区和岛屿之间的巨大斗争"。这种二元论使得豪斯霍弗意识到,德国作为心脏地带的陆权国家不得不联合同为陆权国家的俄罗斯来对抗边缘地带的海权国家。豪斯霍弗正是基于这一论断反对希特勒与苏联开战。

与这一理论相背离的是,豪斯霍弗同时主张德国应交好地处边缘地带的亚洲海权国家日本。豪斯霍弗将日本视为"东方世界革命的核心",力图将之纳入包含心脏地带在内的亚欧大陆集团。如果德国把英美视为主要对手,日本就应是德国重点争取的对象。同希特勒进攻苏联一样,日本侵略中国的举动令豪斯霍弗相当沮丧。"中国是一个海洋,所有汇入它的河流都将变咸。如果日本向中国渗透太深,她将被淹死。"

行动的脚步往往会跨越理论所设定的界限,现实不太容易跟随思想者的节奏。在魏格特的指引下,读者会发现豪斯霍弗面临一个严峻的挑战。如何才能使多个二元论在同一理论框架下得以自洽?心脏地带与边缘地带、陆权与海权、东方与西方、欧洲与亚洲、有色人种与白人，把这么多对立的要素整合到一起并不容易。但这还不是豪斯霍弗主义的致命之处。

魏格特给最后一章拟的标题是"地缘政治学与人性"。言外之意是，豪斯霍弗的学说彻底忽视了人性，屈服于"犬儒主义和神秘主义"，主张德国的征服基于自然法则，鼓吹权力政治，不尊重人类生命的尊严，不尊重人对幸福生活的追求，不尊重正义和道德。至于魏格特的批评能否站得住脚，则见仁见智。魏格特不愿承认的是，对外扩张、权力政治和生存空间，这些显然不是德意志民族特有的思想产物。社会达尔文主义在此之前已成为西方文明进入现代世界后重新野蛮化的一个符号。把历史责任全部推给希特勒和纳粹政权并不意味着正义和道德在地缘政治学中就能自动回归。简而言之，豪斯霍弗主义并非德国地缘政治学的病根儿，只不过是西方现代病的一个表征而已。

本书成于太平洋战争刚爆发不久的 1942 年，虽距今逾 80 个年头，对于我们认识地缘政治学的形成史仍具参考价值。为突出主题，编者调整了原书主标题与副标题的位置，同时收入魏格特发表在学刊上的两篇文章，以期有助于读者对相关问题的理解。

谨以此书献给

英国奇切斯特主教乔治·贝尔

以及亨利·莱珀

以志感激和友谊

……麦克白气数将绝,天诛将至;
黑夜无论怎样悠长,白昼终会来到。

——《麦克白》第四幕,第三场

前　言

我们可以用赫伯特·威尔斯（Herbert George Wells，1866—1946）在《神圣的恐惧》结尾所说的那段话为本书开篇：

> 这本书处处充满夸张——这使得事情简单明了。它简化了很多。一本书还能做些其他什么？我想这使它更容易阅读。它给我们带来生命（它使生活处于我们力所能及的范围之内）……总之，广义上它是真理，浓缩的世界革命的真理。它和大多数其他历史材料一样真实。①

我们将尝试讲述一些关于地理和地缘政治、斯宾格勒（Oswald Spengler）和豪斯霍弗（Karl Haushofer）、拉采尔（Friedrich Ratzel）和麦金德（Halford John Mackinder）、军事精英、俄罗斯和未来的事情。但是，我们这样做时，不会只是冷静地努力发掘"根源"，不会只满足于在堆积如山的研究中再增加一项"科学研究"。相反，我们要谈谈从敌人那里学到的一些教训，从而尝试写一本政治书。友好的读者会从字里行间而非文字本身找到某些结论。至于是否成功得出正确结论，我们不太确定。

---

①　［译注］Herbert George Wells, *The Holy Terror*, London：Michael Joseph LTD. ,1939,pp. 446 - 447.

　　这本书至少不是以一种冷漠超然的态度写成的,那是德国和美国地缘政治学信徒的境界。我写作本书时怀着一种热切的希望,即这场战争结束后的世纪将是自由世界中平民的世纪。

汉斯·魏格特

哈特福德,康涅狄格州

1942 年 10 月

致　谢

读者很快就会发现，本书作者对麦金德的天才深感敬畏。作者特别感谢他对这个写作计划的友好建议和兴趣。当然，麦金德对本书的结论和观点不承担任何责任。

本研究中使用的一些材料曾以精简版发表在《哈珀杂志》（1941年11月）和《外交事务》（1942年7月、10月）上。作者谨向《哈珀杂志》编辑艾伦（Frederick L. Allen）和《外交事务》编辑阿姆斯特朗（Hamilton Fish Armstrong）表示诚挚的感谢，感谢他们允许我收录以前发表的部分文章。

对于文中引用的内容，谨向作者和出版商表示感谢，特别是麦金德和英国皇家地理学会，因为本书大量引用麦金德1904年在该学会的演讲。

谨向三一学院（Trinity College）院长奥格比（Remsen B. Ogilby）博士致以衷心感谢。如果没有他友好的鼓励和帮助，本研究不可能完成。

安德森（Evelyn M. Andersen）小姐和纽维尔（Marie B. Newell）夫人在编辑方面为作者提供了极大帮助。

三一学院图书馆、耶鲁大学图书馆、普林斯顿大学图书馆、海勒姆学院图书馆和克利夫兰公共图书馆给作者提供了最强有力的帮助和支持。

感谢各出版商许可引用下述书籍：《歌德与埃克曼的对话》

（*Conversations of Goethe with Eckermann*，E P Dutton & Co Inc）；塞尔德斯（G. Seldes）的《你不能把它打印出来！1918—1928 年新闻背后的真相》（*You Can't Print That*！Harcourt，Brace and Company）；索罗金（P. Sorokin）的《当代社会学理论》（*Contemporary Sociological Theories*，Harper and Brothers）；惠特莱西（Derwent Whittlesey）的《地球与国家》（*The Earth and the State*，Henry Holt and Company）；鲍曼（Isaiah Bowman）的《新世界》（*The New World*，World Book Company）；汤因比（Arnold J. Toynbee）的《历史研究》（*Study of History*，Oxford University Press）和西蒙斯（E. J. Simmons）的《陀思妥耶夫斯基》（*Tostocvski*，Oxford University Press）。

魏格特

第一章　地理学和地缘政治学

波希米亚，一个靠近海边的沙漠国家。

——莎士比亚

[3]当我们这一代人还是小学生的时候，地理学就像是教育的继子，它的研究仅局限于单调乏味的地名记忆。很少有老师有足够的天赋把地理学从陈旧的套路中解放出来，让他们的学生对这门学科充满热情。地理学仍然是一门枯燥的学科，与重大问题无关。

我们没有受过良好教育。由于对地理学不感兴趣，我们很容易忽视空间结构对历史和政治的影响。在一个因技术进步而不断变小、并因剧烈的社会和政治变革而动荡的世界当中，我们对地理学的看法仍然一成不变。我们仍然认为，从祖辈那里继承下来的将世界划分为各个大洲和民族国家是一种不可改变的状况。

这种思维方式的可悲之处在于，如此多的政治家、士兵、行业领袖、史学家和政治学家都坚持这种思维方式。[4]即使有一些人意识到自己地理洞见的不足，他们却无法通过后续的努力来获得正确的洞见。我们身处20世纪，经历了巨大的动荡。普通民众和政治领袖每天都在看着地图，越来越感到无助和困惑。更糟糕的是，如"孤立""干预""生存空间""自决""西半球""布尔什维克主义""国家社会主义""亚洲人的亚洲"等政治口号的烟幕掩盖了地理现实。但是地图将其法则强加于人。人们每天都面对地理名称的重要性,而在他们的童年时代,地理名称似乎毫无意义。多伊(John Doe)自诩为战略家,因为他了解达喀尔。但几周后,达喀尔成了政治上的陈词滥调,热门话题变成了马达加斯加或荷兰港。

现实派和空想派战略家都缺乏全球视野。如果没有从全球角度分析和重建世界的智力工具或想象力,他们怎么可能在一代人的时间里获得这样的洞见?我们的血液里根本就没有全球地理知识。地理学与人类命运有着深刻的关系,但人们对于地理学的认知仍然肤浅。长期以来,教授地理学的人不能理解政治就是命运,而教授政治学的人也无法理解陆地和海洋也是命运。

当代最伟大的地理学家之一[5]麦金德在给作者的信中写道:

> 1887年我在牛津大学教授地理学时曾遭到相当多自由主义思想家的反对。他们认为地理研究助长了军国主义和帝国主义的发展。他们没有意识到,防御的前提是对攻击的理解。

这些评论写于1942年1月,揭示了现代政治地理学发展所面临的障碍。当时麦金德(我们将在本书中经常谈及他)已经八十二岁高龄。事实上,对政治地理学的真正了解本来可以防止西方政治家犯下许多错误,特别是在第一次世界大战之后,对大地－空间与历史之间重要关系的全面了解变得普遍的情况下。我们心中所想的,不是充斥着细节的学术知识,不是"受过教育"的公众视野之外的领域,而是对大地有机整体的认识以及对人类与大地有着不可分割的联系的认识。麦金德的回忆录描绘出一堵带有偏见、意识形态、政治口号和标语的围墙,它们限制了那些试图超越过时地理学的少数人。他们发现自己受到历史学家和政治理论家的压制,这些人既没有接受过地理学教育,也没有全球思考谋划的习惯。

美国地理学会前主席鲍曼 1921 年出版其地缘政治学的优秀著作《新世界》。他在第一版的序言中曾做过如下评论,尽管1928 年的修订版没有收入这些话。[6]不幸的是,在二战初期,这些观点仍具有重要意义:

> 这些问题涉及像我们一样的其他大国,他们拥有民族自豪感,有能力捍卫自己的荣誉。要理解这些问题的全部含义,需要的不仅仅是常识和公平处理问题的意愿。因为这些问题有其地理、历史背景,需要学者般的思考。我们这个时代的选民和有建设性的政治家必须亲自解决错误的根源……无论我们的志向多么崇高,就学术研究而言,我们所遵循的行政原则与一百年前几乎没有什么不同。①

诚然,有些人的观念与学术惯例彻底决裂,但他们是在荒野中呐喊哭泣的先知。事实上,我们这个时代的民主政治战略是由一个思想学派所塑造,他们无视拿破仑格言:地理支配国家政治。那些创造历史的人,如凯撒、拿破仑和希特勒,纷纷在其著

---

① ［译注］Isaiah Bowman, *The New World：Problems in Political Geography*, New York：World Book Company, 1921, p. v.

作中透露,他们会自发地从全球角度来思考——这是这些人伟大的秘密。但无论是凯撒的《高卢战记》,拿破仑的《回忆录》,还是希特勒的《我的奋斗》,这些书都被视为"学术性"不够,无法纳入现代政治教科书的行列——直到一切都悔之晚矣。直到为世界的生存进行决策和斗争的时刻,我们才发现,对一场真正的全球战争,我们在思想上毫无准备。到那时,危在旦夕的国家才开始重新审视其政治信仰的前提,才迟钝地发现,他们忽视了一个至关重要的知识领域。

霍尔迪奇(Thomas Holdich)爵士曾经指出:[7]"由于地理上的无知而付出的代价绝对难以估计。"①这份账单不是用美元,而是用眼泪、全世界战场上的年轻生命来支付。数百万人突然意识到,他们被灌输的孤立主义不仅不光彩,而且正以死亡威胁着这个国家。历史告诉我们,在 20 世纪,对地理的无知是一种犯罪。美国公众终于意识到,必须摆脱把美国视为世界中心的狭隘观念,这一点至关重要。

一年多以前,"地缘政治"出现在美国的视野中。如果用一个不熟悉的术语来表达所谓的新想法,特别是当这个词含糊不清、模棱两可时,通常这些新想法会给人造成神秘感。含义越模糊,这个词作为武器就越锋利,因为词语和思想一样,都是武器。这一简单的心理学事实在塑造公众思想过程中的重要性一直被政治分析人士所忽视。希特勒的演说术就是一个完美的例证。当猛烈抨击"财阀统治"的民主时,他并不满足于一个源于希腊

---

① [译注]霍尔迪奇(1843—1929),英国地理学家,曾担任英属印度边境调查主管以及安第斯山脉边界案仲裁员。其代表作包括《印度之门:作为东西方早期关系的历史叙事》《边界与边界制定》。

语的术语来讨好取悦数以百万的天真听众。通过抨击民主制度的"瓦解"（Dekomposition），希特勒让自己和听众感觉更好，这是数百万德国人从未听说过的术语。

正是在心理战中，我们在一定程度上找到对下述事实的解释。[8]在这个国家，仅仅提及"地缘政治"就会迅速地引起人们的广泛关注。极权主义措辞典型性的含糊就是为了故意在人们头脑中制造混乱。

在这个国家，人们有一种强烈的感觉，那就是美国正在打盹。因此，当自由撰稿人和记者开始意识到存在这门神话般的新"科学"以及一个更神话般的超人——慕尼黑的豪斯霍弗时，地缘政治学的突然"发现"引发如此多的兴奋和猜测也就不足为奇。当流行杂志，随后还有报纸，刊登这一关于德国超级科学令人兴奋的故事后，地缘政治一夜之间成了政治术语中的流行词。就连《纽约客》（The New Yorker）也迫不及待地印发了一首塔戈夫（Tagoff）关于理发店地缘政治的诗：

> 啊，奇妙的伤口止血剂！
> 噢，美好的新地缘政治学！

虽然不能过分夸大普及政治思想的重要性，但有必要指出的是，这种普及往往比最巧妙的分析具有更彻底、更深远的影响。只要受欢迎的作家适时出现在现场，而观众渴望并关注他的信息就足够了。

1941年夏，《读者文摘》发表一篇题为"希特勒背后的上千名科学家"（The Thousand Scientists Behind Hitler）的文章。就向美国公众揭示地理因素对国家未来的影响而言，其成功程度远远超过去几年的其他任何努力。[9]突然间，豪斯霍弗（少将－教授、博士）及其在慕尼黑的地缘政治研究所成了每个人的口头禅。全国各地的社论都在呼吁人们关注那些在政治地平线上出现的新星。

确实，我们听到的关于豪斯霍弗及其弟子的故事令人震惊。《读者文摘》这篇文章的作者声称，希特勒宏伟战略的筹划和时机选择都是一个人的杰作：

> 豪斯霍弗和他在慕尼黑的研究所以及近千名科学家、技术人员和间谍几乎不为公众所知，即使在德意志帝国也是如此。但是他们的观点，以及他们制作的图表、地图、统计数据、信息和计划从一开始就支配着希特勒的行动……豪斯霍弗研究所不仅仅是供希特勒使用的工具。恰恰相反，豪斯霍弗博士和他的团队实际上主宰着希特勒的思想。①

更重要的是，我们被告知，豪斯霍弗实际上口授了《我的奋斗》的部分内容：

> 现在是豪斯霍弗告诉德国总参谋部去进攻谁、何时进攻，以及他们行动的确切战略结果和心理结果。他不仅保存着一份详尽的世界战略档案，拥有地图册上每个国家的完整信息，而且还拥有超级盖世太保，腐蚀并影响着德国人对一些国家重要政治家和制造商的思维方式。而这些国家

---

① ［译注］Frederic Sondern，"Hitler's Scientists：1,000 Nazi Scientists，Technicians and Spies are Working Under Dr. Karl Haushofer for the Third Reich"，*Current History*，Vol. 53,1941,pp. 10－12.

是德国试图在称霸世界过程中计划控制的对象。①

[10]希特勒被一群科学家、豪斯霍弗及"他的手下"所控制,这一消息令普通读者感到困惑和着迷。1942 年 1 月 19 日,《时代》杂志刊登了一篇题为"大学里的地缘政治学"的文章,对地缘政治学和豪斯霍弗的重要性做了更为深远的论述。② 文章指出,美国的教育机构在一百二十五年后才注意到托马斯·杰斐逊的告诫:"我们必须……使军事教育成为大学教育的常规部分。在这件事完成之前,我们永远不会安全。"《时代》杂志继续解释说,目前大学军事训练水平主要是得益于贝克马(Herman Beukema)上校在西点军校进行了十一年的军事训练。一战结束后,贝克马上校曾在德国停留六个月,"遇到了三位才华横溢的年轻德国军官,他们耸人听闻的全面战争理论"促使他开始研究地缘政治。

> 贝克马上校今天宣称,历史评价将会是,德国地缘政治先知豪斯霍弗比希特勒更为重要,因为豪斯霍弗的研究为希特勒在权力政治和战争中取得胜利提供了可能。

贝克马上校对豪斯霍弗主义的评价显然不符合新闻惯例。但是,将德国地缘政治学描述为希特勒秘密武器库的重要分支的所有著作都造成了同样的心理效果。终于,美国人意识到这个

---

① [译注]Frederic Sondern,"Hitler's Scientists:1,000 Nazi Scientists, Technicians and Spies are Working Under Dr. Karl Haushofer for the Third Reich",*Current History*,Vol. 53,1941,pp. 10 – 12.

② [译注]"Education:Geopolitics in College",*Time*,Vol. 39,Jan. 19, 1942,p. 56.

可悲的事实,虽然这种认识姗姗来迟,即这个国家缺乏全球思维的政治地理教育基础。[11]他们开始相信,在准备赢得战争所需的心理训练和战略规划方面,事实再次证明敌人棋高一招。

相比于将豪斯霍弗及其学派斥为野蛮的纳粹主义权力欲望,对豪斯霍弗主义的颂扬同样荒谬且危险。在权力政治问题上,任何散漫的想法都是一种昂贵的奢侈品,对敌人未知的神秘武器的幻想必然会导致国内失败主义呼声的高涨。希特勒在《我的奋斗》中指出,导致德国在第一次世界大战中失败的原因就是失败主义的想法——这就是唯一的原因。他在这么说时,完全清楚他所谈论的是什么。

这种对豪斯霍弗主义的普遍反应促使我们去描述德国地缘政治的某些基本原理和趋势,并得出许多人过去未能得出的某些结论。奥维德(Ovid)说:"敌人是最好的老师(Fas est ab hoste doceri)。"豪斯霍弗在其著作中曾反复引用奥维德的话以及迪斯累利(Benjamin Disraeli)①的名言:"最终,见多识广者获胜。"

但关于地缘政治学为纳粹所垄断的认知是错误的。事实上,在豪斯霍弗自己的作品中,我们很容易就看到,他多次表示对德国缺乏地缘政治敏感性感到痛惜,而英美在这方面却截然相反。豪斯霍弗一次又一次悲哀地指出当代地缘政治学家在俄罗斯、英国和美国所具有的优势。例如,他在1925年写道:

---

① [译注]迪斯累利(1804—1881),英国保守党政治家,曾两次担任英国首相。迪斯累利还是一名小说家,曾创作政治小说《西比尔》(*Sybil*)、《洛泰尔》(*Lothair*)和《恩底米翁》(*Endymion*),以及诗歌《革命史诗》(*The Revolutionary Epick*)和戏剧《阿拉科斯伯爵的悲剧》(*The Tragedy of Count Alarcos*)。

　　　　成功的政治行动和地缘政治技巧之间的关系显而易见。[12]经验表明,俄罗斯人和美国人的地缘政治著作是革命性的。从价值方面来说,英国和日本的研究紧随其后,而欧洲大陆的作者在这方面居于最后,远远落后于他们。①

但是,如果我们考察这些著作对政治家、将军以及公众的现实政治影响,情况就不同了。为了清楚地说明这一点,我们需要指出,蒋介石的政治顾问拉铁摩尔(Owen Lattimore)②的地缘政治研究在德国地缘政治学派的成员中比在拉铁摩尔自己的同胞中更广为人知,这并不奇怪。

德国人并没有垄断地缘政治学,事实并不是这样。如果说他们比其他人更好地掌握了某些基本事实,那是因为他们拥有豪斯霍弗这样一个民族天才。他早就发现,从国家的角度来看,向国家当中的年轻人传授地缘政治学远比充实大学教授的图书馆重要得多。因此,豪斯霍弗成功地在德国动员起一批地缘政治学专家。最终结果是,美国最博学的政治地理学学生也不得不承认,德国人在政治地理学和地缘政治学方面的研究超过了所有其他群体的总和。③

给"地缘政治"下一个直截了当的定义并不难。不过,我们很快就会明白,仅仅一个定义没有任何意义。[13]如果把"政

---

①　*Journal of Geopolitics*, 1925, p. 63; see also *Geopolitics of the Pacific Ocean*, p. 224.

②　有一些活跃的政治学者受到德国地缘政治学家的钦佩,在此仅引用这位杰出代表。

③　1934 年德国编制的政治地理学标准参考文献列出三千多种书目。D. Whittlesey, *The Earth and the State*, 1939, p. 596.

治地理学"和"地缘政治学"相比较,政治地理学显然是地理学的产物,而地缘政治学属于政治学的范畴。思考国家空间关系的地理学家变成了政治地理学家。学会利用地理因素来更好地理解政治的政治科学家(我们可以补充说是政治家)就变成了地缘政治学家。理论上,政治地理学家和地缘政治学家应该有集合点。事实上他们并没有。

因为政治地理学和地缘政治学有着截然不同的研究方法。政治地理学将国家视为一个牢牢依附在其地理基础上的静态组织。在这位成熟而谨慎行事的探险家身边,地缘政治学显得更年轻,有时甚至还相当幼稚。因为地缘政治学的领域涉及冲突和变革、进化和革命、进攻与防御、陆地空间的动态以及在空间里为生存而斗争的政治力量态势。

还有许多其他的方式可用来描述两者之间的对比。我们可以说,政治地理学涉及对国家空间的描述,即它的位置和范围,而地缘政治学研究的领域是国家内部和国家之间在"空间关系"中的生活环境。我们还可以补充说,地缘政治学和政治地理学的区别在于,政治地理学只是对条件的研究,而地缘政治学则提出了动态的发展问题。当"地缘政治学"的定义[14]变得多如牛毛时,豪斯霍弗的《地缘政治学杂志》(*Journal of Geopolitics*)的编辑们聚在一起,给出了一个"官方"的定义:

> 地缘政治学是研究政治事件对土地依赖性的科学。它建立在广泛的地理学基础上,特别是政治地理学。政治地理学是研究政治有机体空间结构的学说……地缘政治学旨在为政治行动提供武器,为政治生活提供指导原则……地缘政治学必须成为一个国家的地理良知。

最后,引用豪斯霍弗自己给出的一个定义:"地缘政治学是国家有机体为生存空间进行生死斗争的政治行为的科学基础。"

我们有意添加了这些复杂而深奥的定义。这些定义强调,试图通过将"政治地理学"和"地缘政治学"视为两个可比较的科学领域来理解地缘政治学的本质是徒劳的。目前,我们可能满足于将地缘政治学定义为适用于国家权力政治及其在和平与战争中的实际战略的政治地理学。

但我们必须记住,地缘政治学是一个新名称,它针对的不是一个特殊而有限的政治科学领域,而是一种不同的政治思想方法。我们已经触及地缘政治学的动态要素,现在必须注意到将地缘政治学与其他形式的政治地理分析区分开来的另一个特征:地缘政治学试图预测未来,它将所有的历史发展同空间和土地条件联系起来,并认为历史本身[15]由这些永恒的力量决定。

斯宾格勒在《西方的没落》的开篇大胆指出:"本书第一次大胆尝试预测历史。"地缘政治学使我们产生相似的想法。如果历史的进程由空间决定,地缘政治学的一些门徒会说,在大地上生长、成熟和死亡的国家有机体必须服从永恒的法则。但是,如果国家的生命完全受制于"空间法则",人类历史就不存在所谓的自由。让我们强调这一条件,如果受大地制约的人类命运的概念是地缘政治学公认的前提,历史就不是人们自由实现其目标的故事。相反,历史反映的是人类在有限的时间和空间范围内可悲的努力。根据这一理论,人类的自由和做决定的力量并不是历史进程中的决定性因素。领袖和群众的行为、军事行动和外交成败都比较次要。大地也不是由全能的神统治着。大地本身的神秘力量指引着人类的冒险活动。这就是地缘政治学的激进表述。

这种对大地和空间动态的看法导致人们采用一种新的方式来设想人类在大地上的作用。如果生命的决定性过程由地球自身的规律决定,通过解释大地的模式所揭示的命运迹象就可以预测未来。[16]用斯宾格勒的话来说,地缘政治学渴望预测历史。

因此,我们已经到了可以看到这门"动态科学"——与诸多形式的静态科学形成对比——的最终目标的时候了。静态政治地理学与动态地缘政治学的决定性区别在于,后者旨在预测未来。

让我们看看德国地缘政治学在预测历史进程方面的一些比较成功的尝试。这种预测的尝试是豪斯霍弗团队的日常工作。下面的例子是从豪斯霍弗的著作及其《地缘政治学杂志》中随机选取的文章。

1934 年 11 月,《地缘政治学杂志》宣称:

> 从军事角度看,奥地利处于一个极其危险的位置。它的边界对邻国的进攻毫无防御能力,而且它有可能成为下一次世界大战的战场,部分原因是它自己的过错。奥地利空间的军事弱点是造成这种危险的原因。只有当一个大国再次接管对奥地利这片领土的保护时,才能避免这种危险。①

1938 年 4 月 12 日,希特勒完成了这种"保护"。

早在 1924 年,豪斯霍弗就预见到法国的末日。他指出:"法

---

① *Journal of Geopolitics*,1934,p. 671.

国将是第一个被未来强国所继承的国家。"①人们可以在豪斯霍弗学派的所有出版物中更详细地追溯对法国未来在世界政治中的角色的评价。如果法国总参谋部的战略家们理解豪斯霍弗的观点[17]，他们是否还会指望德国人在即将到来的对法战争中保持守势？

1935 年，时任法国陆军上校戴高乐(Charles de Gaulle)在自己的国家还籍籍无名、鲜为人知。《地缘政治学杂志》当时就发表下述预言：

> 只要像戴高乐那样思考问题，法国就会像捍卫自己在中欧的地位一样，小心翼翼地捍卫自己在地中海的地位!②

此外，早在慕尼黑阴谋之前，该杂志就整期整期地来讨论捷克斯洛伐克的问题，并"警告德国人，他们在面对捷克斯洛伐克的'强权'时很脆弱"。1938 年 5 月，豪斯霍弗的儿子阿尔布莱希特(Albrecht Haushofer)指出：

> 在今天的捷克斯洛伐克境内，只有在德国火药不存在的时候，一个捷克民族国家才有可能建立。③

1939 年 3 月 15 日，德国入侵捷克斯洛伐克。

意大利是另一个"被绘以黑暗未来"的欧洲大国。德国地缘政治学家并不认为墨索里尼会在他们规划的世界中扮演重要角色。1935 年，豪斯霍弗的杂志指出：

---

① *Geopolitics of the Pacific Ocean*, 1st edition.

② *Journal of Geopolitics*, 1935, p. 748.

③ *Journal of Geopolitics*, 1938, p. 377.

　　有时人们会担心,意大利可能已经忘记它作为一个大国存在的不稳定性。意大利有限的空间和脆弱的外部环境,重要原材料的完全缺乏,交通运输依赖于强大邻国的良好屏障,这些都是如此简单和明显的事实,以至于意大利很难忘记它几乎没有行动自由。①

　　豪斯霍弗预见到珍珠港事件,他在 1924 年指出,闪电战[18]是太平洋地区战争动态的一个特征:"几乎所有太平洋战争都在没有宣战的情况下开始。"②

　　毋庸置疑,有时先知们也会打盹。下面这段引自豪斯霍弗之子阿尔布莱希特 1938 年 3 月发表的一篇评论,在今天看来像是辛辣的讽刺:

　　张伯伦(Arthur Neville Chamberlain) 在伦敦下飞机时手里拿着的那张纸,必须被看作是送给未来最重要的礼物。《英德和平宣言》是希特勒和张伯伦在个人信任的基础上签署的,其中包含的内容远远超出文本所显示内容。特别是当人们回想起,元首在柏林演讲中明确表示,苏台德区是他在欧洲最后的领土要求。③

　　或者豪斯霍弗父子只是在装睡?

　　豪斯霍弗及其团队大胆地承担起他们自封的权力政治预言家的职责,主要正是这份大胆使他们在国外成为著名且令人敬

---

① *Journal of Geopolitics* ,1935 ,p. 231.

② *Geopolitics of the Pacific Ocean* ,1938 ,p. 243.

③ *Journal of Geopolitics* ,1938 ,p. 821.

畏的"超级科学家"。上面引用的文章是随机选取的,以说明德国地缘政治学预测未来的性质。然而,尽管这些预测中有一些惊人的准确性,但我们绝不能把超自然力量归因于德国的"秘密"科学。除非政治预测源自地理和政治关系的某些基本概念,否则它只值得新闻界的关注。我们对德国地缘政治学的兴趣应该集中在这些基本概念上,疯狂地寻找预测只是新闻记者的兴趣。到那时,我们或许就会明白,重新发现这个时代所需政治战略的一般规则是多么重要。[19]全球政治观并不是命运专门赋予德国地缘政治学派的一份供其独享的超自然礼物。它一直被那些超越其时代的天才所拥有。例如,有一个地缘政治预测远远超出豪斯霍弗及其助手的预测。而且做出这个预测的人与"地缘政治学"毫无关系。1827 年 2 月 21 日,歌德与他的秘书埃克曼(Eckermann)谈到世界旅行家、政治家和哲学家亚历山大·洪堡(Alexander von Humboldt)。谈到洪堡提出的修建一条通道穿越巴拿马地峡的计划时,歌德说:

> 由于洪堡在这方面知识渊博,所以他能够提出其他地点,通过利用流入墨西哥湾的一些溪流,也许可以比取道巴拿马更好地达到目的。所有这些都要留待将来,留待有进取心的人。然而,可以肯定的是,如果他们成功地将墨西哥湾和太平洋连接起来,那将给整个人类带来无穷的好处。但我怀疑美国是否会放弃控制这一宏大工程的机会。可以预见,这个对西部有着强烈偏好的年轻国家,将在三四十年后占领落基山脉以外的整片土地,并在此繁衍生息,使之成为人口大国。此外,我们还将进一步看到,在整个太平洋沿岸已经自然形成最为广阔和最安全的港口,重要的商业城

镇将逐渐兴起,[20]以促进中国和东印度群岛和美国之间的交往。在这种情况下,通过商船和战舰在北美洲的东西海岸之间保持一种更快速的交通不仅是理想的,也是必不可少的。与绕道好望角那冗长、讨厌且昂贵的航程相比,这种交通线更加优越。因此,我再次重申,对美国来说,修建从墨西哥海湾到太平洋的通道绝对必要。我确信它会这样做。

但愿我能活着看到它成为现实!——但我不会了。我还想看看另一件事——多瑙河和莱茵河的交汇。但这项工程是如此巨大,我怀疑它能否完成,特别是考虑到我们德国的资源。第三也是最后一点,我希望看到英国拥有一条穿过苏伊士地峡的运河。但愿我能活着看到这三项伟大的工程!如果能再坚持五十年,无论承受什么苦难也是相当值得的……①

这位七十七岁的诗人在一百一十五年前做出的预言并没有什么神秘之处,只是揭示出他对决定历史进程的某些基本地理要素的理解和掌握。

在研究德国地缘政治学的过程中,我们不可避免地会在一定程度上遵循其政治意识形态。由于地缘政治学的主要特征是动态性和政治预言性,很明显,不管在德国还是在其他地方,都不能用纯粹客观的观点来审视它。而纯粹客观的观点正是冷静研究政治地理学所必需的。[21]地缘政治学及其空间、位置和规模的概念,本质上是一种政治理念。这是一种政治世界

---

① Johann Wolfgang von Goethe, *Conversations of Goethe with Eckermann*, E. P. Dutton and Co. ,1930,p. 173 f.

观——一种政治的世界观(Weltanschauung)。

重要的是,世界观和另一个地缘政治流行词生存空间(Lebensraum)都无法准确地翻译成英语,但都已在英语词汇表中占有一席之地。"世界观"(World view)和"生存空间"(living space)并没有表达出这两个德语词的全部含义。这两个德语词曾使非德语世界感到非常困惑,而在德国境内却是非常强大的政治武器。

如果仅仅考察地缘政治学的空间概念并将其视为一种"动态地理学",我们就无法理解德国的空间世界观,即德国地缘政治学。一般来说,空间和地理因素的政治概念离不开政治观念,即政治的世界观。在地缘政治思想中,那种脱离大地、脱离空间的政治思想并不存在。缺乏思想的空间也不存在。这些思想具有政治内容,一旦支配着一个国家的权力欲望,就会发展成最高级别的政治力量。它们的力量源自一个致命的事实,即一个国家(更重要的是统治一个国家的精英阶层)的权力欲望必须始终针对其他国家的空间概念。①

由于地缘政治学是一种世界观,它具有纯客观科学无法企及的驱动力。由于每个国家对地缘政治因素的反应都是特定的,土地、海洋和空间的含义对俄罗斯人、德国人、日本人、中国人和美国人来说截然不同。[22]有时我们发现,豪斯霍弗及其团队意识到,他们的教义只适用于自己的精神领域。例如,在豪斯霍弗的《地缘政治学杂志》中有这样一段话:

> 德国的地缘政治学是日耳曼式的,而鲍曼、马汉和麦金

---

① Carl Schmitt, *Volkerrechtliche Grossraumordnung*, 1939, pp. 33, 34.

德的地缘政治学是盎格鲁－撒克逊式的。①

任何两个国家的地理条件都不相同，甚至也不相似。环境、气候处处都在塑造人。但是，当涉及以国家体系的空间结构为条件的人类权力的记录时，地理模式就失去其客观价值，而地理则成为政治不可分割的一部分。

这些意识形态方面的含义解释了这个国家在接受地缘政治学时的高度情绪化。美国公众本能地感受到德国所传达的信息危险而陌生。许多外交专家都认为，从国外引进的政治思想只需要进行适当的翻译就能被理解。我们的政治家在谈到"民族自决"或"海洋自由"时也犯了同样的错误。他们忽视了一个令人遗憾的事实，即语言的差异就是意义的差异。

不存在一门能够被所有国家组织所认同的、普遍的地缘政治科学。地缘政治学的数量与受地理条件限制而相互冲突的国家体系数量一样多。例如，海洋大国与陆地大国的地理条件就根本不同。德国（Geopolitik）和法国（geopolitique）有着不同的地缘政治学，美国和英国也是如此。[23] 每个国家都有其应有的地缘政治学——换句话说，每个国家都有其应有的政府。

因此，我们必须把德国的地缘政治学视为一个民族为争夺世界霸权而进行斗争的产物。我们必须认识到它关于地理唯物主义的世界观的本质：它是德国的战争武器。我们必须以这种方式理解它，否则可能会被它的动态所迷惑。在美国人民已经意识到全面战争需要新的思维方式，甚至需要一种新的具有全球视野的美国世界观之际，我们不应低估这种危险。但这种世

---

① *Journal of Geopolitics*, 1937, p. 312.

界观应该是什么样的呢？我们是否意识到,生命的概念与地理
唯物主义的概念之间有着深不可测的鸿沟？在生命概念中,
地理只是自由人在自然界规定的范围内自由行动的基础和条
件。而在地理唯物主义的概念中,大地体量(earth - mass)是决
定性力量。我们必须选择一个立场。斯皮克曼(Nicholas
J. Spykman)关于"地理学并不争论,它只是一种争论"①的妙语
不能应用于地缘政治学。当大地的力量,当国家体系的空间已
经成为人们为之牺牲的某种意识形态的一部分时,我们就不再
单独面对这一事实:地缘政治学确实存在争议。它在反对我们。
很显然,向敌人学习,建立反对敌人思想武器的防御工事,这既
是一项道德任务,也是一项科学任务。

---

① Nicholas J. Spykman, "Geography and Foreign Policy, II", *American Political Science Review*, Vol. 32, No. 2, April 1938, p. 237.

第二章　斯宾格勒,俄罗斯和未来

> 德国不会再产生一个歌德,但我们将产生一个凯撒。
> "欧洲"这个词应该被摒弃出历史。
>
> ——斯宾格勒

[24]对德国地缘政治学的分析研究有很多途径。对美国人来说,最自然的似乎是地理科学。这种影响最终产生了豪斯霍弗主义(Haushoferism),描述这种影响的视角是基于过去的地理学和地理学流派。这种方法的用处并不难理解。事实上,除非充分认识到豪斯霍弗对前人的借鉴,否则我们无法理解他的地缘政治学。

德国人绝不是唯一的先驱者。正如稍后将更详细讨论的那样,豪斯霍弗世界观的全球性特征正是在于那些杰出的老师,如德国的拉采尔、英国的麦金德,还有瑞典的鲁道夫·契伦(Rudolf Kjellén)。但是,通过参考历史影响并不能揭示豪斯霍弗陌生的世界观的原动力。[25]托马斯·曼(Thomas Mann)曾经谈及"回到黑夜、原始神圣、前意识和孕育生命的巨大冲动,进入神话、历史、浪漫的母体的巨大冲动"。① 这种情绪化的表达方

---

① Rohan D'O. Butler, *The Roots of National Socialism*, Faber & Faber, 1942, p. 244.

式可能引不起英美人的兴趣。它诞生于严谨的德国氛围中，但如果要理解豪斯霍弗主义，我们就必须在这种氛围中进行摸索。

豪斯霍弗是德国新浪漫主义的产物，实际上 20 世纪德国所有的政治作家，包括希特勒都是如此。"神话、历史和浪漫"是滋养、推动一场运动的源泉。这场运动通过吸引德国灵魂中的非理性因素而获得力量。

在政治哲学中，斯宾格勒的末日预言胜过我们这个时代的德国非理性崇拜者的其他所有预言。或许，本书进行的研究将有利于读者感受德国地缘政治的氛围，远离那些仍在为人类苦难流下"人道主义"眼泪的地方。对斯宾格勒和豪斯霍弗及其弟子来说，这种过时无用的基督教情绪意味着颓废堕落。

斯宾格勒本人并不是地缘政治学的倡导者。事实上，豪斯霍弗及其学派会愤怒地否认斯宾格勒与他们的学说有关。然而，两者之间有着密切的关系，这一点毋庸置疑。斯宾格勒和豪斯霍弗同时在慕尼黑沉思时，穿着褐色制服的游行队伍嘈杂的声音穿透了他们安静的书房。两人都置身于同样的政治氛围中，周围充斥着即将到来的革命曙光。[26]两人遭受着同样的痛苦，因为他们深爱的祖国遭受了失败。他们的学说都基于动态的历史观和对政治哲学最终目的的预测。他们可能从未谋面，无论是斯宾格勒还是豪斯霍弗的作品都没有任何迹象显示两人相识。斯宾格勒在他的政治手册中从不提及豪斯霍弗或他的前人，这是斯宾格勒对同时代人典型的蔑视。豪斯霍弗偶尔会提到斯宾格勒，很明显，我们从字里行间能发现斯宾格勒对豪斯霍弗的思想有着永久性的影响，尽管豪斯霍弗一直在与斯宾格勒的思想作斗争。但豪斯霍弗也很骄傲，以自我为中心，不愿公开承认自己受惠于他人。

1917 年春,斯宾格勒完成《西方的没落》。为该书第一版写序时,斯宾格勒毫不掩饰自己的信念,即他正在为世界提供一本有史以来最具挑战性的不朽著作,提供他所说的"我们这个时代的哲学"。

为了强调对自己著作重要性的信心,斯宾格勒在序言的结尾处说,希望这一著作不会被认为"与德国的军事成就不相称"。该书完成的时刻正是第一次世界大战胜负未定之时。德国的胜利令全世界屏息凝神。事实上,当时很少有人敢将自己的作品与德国军队的成就相提并论。[27]有趣的是,我们在 1926 年出版的美国译本中没有发现这句话。虽然第一版序言包含在这个声称完整的版本中,但译者省略了最后一句话。译者是不是担心,即使在 1926 年,美国公众也会被这样一个想法所震惊,即德国哲学——我们这个时代的哲学——的作者与德国军团联手?

我们不妨回忆一下第一次世界大战第四个年头的环境和气氛。当时,这位在慕尼黑名不见经传的数学老师疲惫地放下了那支曾经写过五十多万字的笔。

1917 年和 1942 年。在人类历史上,没有哪两个年份能像这两年那样迫切需要相互比较。但我们今天阅读斯宾格勒的作品,不仅是因为他的预言重新唤醒了我们的好奇心,还因为当下这个时代与他认为自己的作品已经成熟到可以出版的那个时代有诸多相似之处。1942 年,《西方的没落》对我们来说不仅仅是一本曾经的畅销书。两个年份的相似性使斯宾格勒主义在政治和哲学作家中得到复兴,更重要的是,也在我们大学的年轻人中得到复兴。

斯宾格勒的思想在许多美国书籍中都占有一席之地。然而,与地缘政治学一样,这些思想往往通过"后门"进入。斯宾格勒的德国出版商曾写道,德国的大学学者越来越多地借鉴他书中的内容,[28]却不提他的名字。事实上,许多现代美国作家自觉或不自觉地借鉴斯宾格勒的基本概念,却也不敢承认这种影响。①

达金(A. F. Dakin)在《今日与命运》(*Today and Destiny*)的序言中说:

> 在这个时代,试图将斯宾格勒的著作纳入那些负责美国政策的人的阅读范围,可以被视为一种基本的爱国主义。

1940年,达金以简版的形式出版该作品,试图重新唤起美国人对斯宾格勒哲学的兴趣。芒福德(Lewis Mumford)②评价《西方的没落》是一个"野蛮的传奇",这是为数不多的、不空泛的评论之一。

这两种反应是美国人对斯宾格勒的典型反应。人们对他要么热情洋溢,要么惊恐万分。对于第一次阅读斯宾格勒作品的人来说,有这样或那样的反应确实不可避免,因为《西方的没落》是有史以来最有吸引力的书籍之一。斯宾格勒和豪斯霍弗都强烈地认为"写历史就是写诗"。《西方的没落》是一件艺术

---

① 舒曼(Frederick L. Schuman)是个例外,他对斯宾格勒心存敬畏并加以称赞。[译注]弗雷德里克·舒曼(1904—1981),美国威廉姆斯学院历史、政治学和国际关系教授,代表作有《国内外的苏联政治》《国际政治:转型中的西方国家体系》。

② [译注]芒福德(1895—1990),美国史学家、社会学家和文学评论家,代表作有《赫尔曼·梅尔维尔》(*Herman Melville*)、《机器的神话》(*The Myth of the Machine*)、《技术与文明》和《技术与人类发展》。

作品,它在情感上使人着迷或反感。美国公众将其视为一件艺术品,而不是一种基于不争事实的科学分析。

出版如此不朽的作品需要承担责任,特别是对于那些美国青年愿意倾听的人来说。但并没有多少人清楚地认识到这一责任。美国科学界[29]对斯宾格勒的研究只停留在表面上,并没有费心对其作品的基本原理进行详细的批评。这种采用斯宾格勒主义而没有对其前提进行批判性评估的方式产生了一大批悲观的预言家。其中许多人对《西方的没落》所知不多,只知道书名表面上的含义。① 美国人对斯宾格勒的这种肤浅的、不加批判的、纯粹情绪化的反应,导致某种形式的斯宾格勒主义,这是"西方文化面临的致命危险"。用索罗金教授的话来说,

> 每天都有大学校长、政治家、男女俱乐部成员在大肆宣扬这种致命的危险……借助这种静默无声的形式,它已成为我们主要日报的一大特色。

(关于斯宾格勒,我们不妨读一读豪斯霍弗的作品。)这些在某种程度上可谓专业的预言家当中,有多少人发现《西方的没落》是一件适合恐惧、情感和模糊信仰的外衣,而这些恐惧、情感和模糊信仰总是由那些不能面对事实的人所大肆宣扬! 但斯宾格勒对于这类信徒来说太伟大了。与暴力革命一样,他吞

---

① 顺便说一句,*Der Untergang des Abendlandes* 本应该被翻译成《西方的衰落》。美国版的出版商用一些毫无说服力的解释来为这种不准确的翻译辩护。[译注]作者认为这本书的英译名应该是 *The Downfall of the West*,而不是 *The Decline of the West*。

噬了自己的孩子。①

在希特勒出现之前，德国科学界充分认识到《西方的没落》给幻想破灭的一代人所带来的危险。许多领域的学者对斯宾格勒进行批判性的研究，通过驳斥他的事实性陈述，阻止他的学说成为困惑且无法清晰思考的人群容易理解的文本。

德国科学家揭露出斯宾格勒著作中的这些事实性错误，[30]影响其作为史学家的资料来源的价值，但并不一定会影响其作为哲学论题的价值。然而，对支撑斯宾格勒的结论的基本事实进行批判性分析导致其最重要、最基本的论点被否定，即"西方"这一概念。对斯宾格勒构建"西方的没落"这一观念的事实性陈述进行权衡斟酌时，人们会发现这些陈述只涉及一个有限的文化领域，即"浮士德式"的文化和文明。但他所谓"西方"的领域并不是我们所理解的西方。它是德国独特而有限的一部分，并不是整个德国，仅仅是那些（精神上而不是地理上）可以被称作日耳曼北方的部分。英国和美国，甚至法国和意大利，都不在他的事实性材料和对比材料所涵盖的"西方"的范围之内。这些材料只适用于斯宾格勒笔下的北欧－德意志世界，而他试图对整个西方做出的所有尝试都是猜测或幻想。如果在读斯宾格勒的作品时更多地强调其论文所依据的事实，我们就会明白他把自己的作品称为德国哲学是多么正确。

然而，斯宾格勒的结论所依据的事实仅适用于浮士德－北欧－日耳曼世界，这并不一定意味着他把自己的推测扩展到德

---

① ［译注］1793 年法国大革命期间，暴力革命在巴黎愈演愈烈，法国革命家维尔涅被自己昔日的同志送上断头台，在生命的最后时刻留下了一句让历史铭记的箴言："革命总会吞噬自己的孩子。"

国哲学的范围之外就是错误的。正确还是错误？这的确是一个至关重要的问题。

让我们进入斯宾格勒笔下的"西方"这一阴郁王国，日落之地（Abendland），①一个渴求无限和无垠的、贪得无厌的"浮士德式"王国。[31]在这个世界，没有古代、中古、近代的划分。这是一个文化上统一的世界，独立且不受过去已经消失的其他世界的影响。它的文化和所有其他自然生物一样是一种有机体。但对斯宾格勒来说，它是一种植物的有机体，而不是人类的有机体——自由人的有机体。

斯宾格勒将所有的文化都视为植物。与所有在风中低吟的树木一道，文化深深扎根于大地母亲，扎根于盛开的繁花。就像森林里的树木和其他植被一样，斯宾格勒关于人类历史的概念与大地母亲有着密不可分的联系。它们从土壤中生长开花，在土壤中凋零死亡。而其他的生物，则在这永恒的生死循环中，依次经历着毫无目的的生与死，循环往复。②

当一种文化过了鼎盛时期，文明的时代就开始了。就像春天和冬天一样，我们眼前的文化和文明是历史上每一个有机体的对应物。文明是文化的宿命，是文化的终结，是文化的残骸。自法国大革命以来，西方才进入这一灰暗、黯淡的最后阶段。现在，极度疲惫的人类准备迎接末日、冬天和死亡。

---

① ［译注］欧洲西部被指定为西方，特别是德国、英国、法国、意大利和伊比利亚半岛。西方的概念来自欧洲古代和中世纪的概念，是最接近傍晚的太阳的最西部的大陆。与其对应的 Morgenland 指东方，日出之地。

② 这里我们可以提及，豪斯霍弗引用了斯宾格勒的这些段落，并补充道："对地缘政治观察家来说，这是理所当然的事情！"（Karl Haushofer, *Raumüberwindende Mächte*, Teubner, Leipzig, 1934, p. 97）

斯宾格勒的历史哲学作为一种植物形态学,有意排除了人作为创造因素的作用。对斯宾格勒来说,人的命运是预先注定的。永恒的必然法则使人成为命运摆布的对象,就像所有其他受大地制约的生物一样。[32]对斯宾格勒的弟子来说,把人想象成自由的就是一种犯罪。二十五年后的今天,与《西方的没落》刚问世时的读者相比,我们能够更好地评判这一罪行。在这二十五年里,我们面临着使人堕落的极权主义信条的兴起:将血液和土地神化的希特勒主义以及"生存空间"理论。二者都在孕育战争,使人沦为战争机器。

尽管斯宾格勒主义与希特勒主义有着密切的联系,但斯宾格勒并没有热情地迎合希特勒。他把希特勒看作"吹鼓手",把希特勒的首批追随者看作喋喋不休的傻瓜,认为他们不能赢得唯一有意义的胜利,即战争的胜利。他们的激情让斯宾格勒想起那些在黑暗的森林里唱歌壮胆的人们。1936年5月6日,斯宾格勒逝世时,他对纳粹革命的轻蔑评价尚未被历史驳斥。是不是因为他离得太近而看不清楚?无论是什么原因导致斯宾格勒未能成为希特勒主义的先知(其中一些非常有人情味),他的历史哲学、希特勒主义的教义以及我们认为它可能的继承者,即军事统治的地缘政治世界观,都在德国本土诞生和成长起来。它们深深扎根于这片土地以至于完全忽视自由人的创造性思维。它们已经成为一种不人道的世界观的来源。事实上,斯宾格勒将他的作品称为德国哲学是正确的。[33]但他称其为"我们这个时代的哲学"也正确吗?

这个浮士德-北欧-日耳曼地区是斯宾格勒学说的事实基础,也是唯一适合他有关人类类型概念的地方。他的人类类型就是放弃自由而成为希特勒世界中的奴隶的类型。《西方的没落》是20世纪德国精神的典型产物。然而,这并不是我们这个世界的哲学,因为德国以外的精神力量是一种动态的、活生生的力量。它们是否足够强大以保持生命力,这仍是一个有待验证的问题。斯宾格勒关于西方的没落而不是北方世界的没落这一说法是否正确,目前尚无最终的结论。这取决于自由人在那些依然存在自由人的土地上选择哪一条路。如果年轻人屈服于斯宾格勒主义的诱惑,将我们这个时代的重大危机视为西方的死亡之痛,斯宾格勒将他的哲学视为超越德国的哲学就是正确的。但是,我们必须以歌德希望其读者解读其作品的方式来解读斯宾格勒,即"要像个男子汉,不要效法他"——发现《少年维特之烦恼》中主人公的颓废软弱感染并扰乱年轻人的心态时,歌德做了这样的点评。

如果我们认为斯宾格勒的哲学仅限于他自己的文化领域,他的预言就显得不同了。在评价他的作品时,我们必须考虑到这样一个事实,即他的预言不是当代新闻评论员那样的预言,而是要以几个世纪为时间单位的设想。[34]二十五年的时间不足以进行最终的评估。对斯宾格勒进行批判性分析的另一个困难来自这样一个事实,即他的许多预测并没有包括在他不朽的作品中,而仅仅出现在他的政治手册里。其中发声的并不总是同一个人,不过通常只是政治家,试图激发起德国年轻的心灵,敦促思想光荣地投入军事力量的怀抱。

斯宾格勒的凯撒主义概念预示着我们这个时代极权主义信仰的发展。它把柏拉图关于僭政和民主关系的思想翻译成20世纪的语言。民主的襁褓产生新的力量、政党领袖、独裁者和他们的追随者。金钱的独裁使民主成为其政治武器。第一次世界大战结束时,斯宾格勒看到了金钱－权力时代的末日。金融财阀统治(以民主作为其政治表现形式)的主导力量与独裁者纯粹的统治意志(will－to－order)之间的最后战斗已经拉开序幕。

尽管第一次世界大战的结果尚未最终确定,世界仍然希望通过这场战争来防止未来的战争。斯宾格勒却清楚地看到,西方世界已经进入一个巨大冲突的时代,一个国家间相互争夺的时期。这是一个国家生活没有固定形式的时代。这种无形导致那些不惜任何代价夺取权力的人的崛起。他们将成为整个民族或文化的缔造者。因此,少数精力充沛的人战胜了国家。斯宾格勒在 1917 年写道,此类人物的崛起会让一个弱小的民族在一夜之间达到最高峰,他们的死亡则会让世界陷入混乱。[35]政党作为一种形式消失,政党纲领逐渐消亡,群众只能指望领袖给予导航。这是一个帝国时代。随着思想、金钱在政治上的终结,血统、"种族"和蛮力又恢复了统治地位。

随着所有文化创造力的衰落,世界最终将由职业军人统治,由热衷战争的人统治。他们的军队不是战争的替代品——"他们是为了战争,他们想要战争;不出两代人,他们的意志就将占上风。"

在他们争夺全世界遗产的战争中,各大洲都将受到震动,印度、中国、南非、俄罗斯、伊斯兰世界都将被召唤,新的技术和战术将发挥作用并将受到反制。大的世界性权力中心将随心所欲地处置小国——处置它们的领土、经济和人民——所有这一切现在不过是命运,小国是被动的受支配者,一种达到目的的手段,而对于事物的伟大进程来说,小国的命运无关紧要。

在这些血腥和恐怖的灾难之间,要求实现各国人民和解与世界和平的呼声高涨。但这种渴望只会让热爱和平的人成为那些不愿放弃战争者的牺牲品。

　　这些人将如何指挥未来的战争,斯宾格勒对此有着惊人的洞察力。1933 年,他写道,空中力量的发展使人怀疑战舰时代大概已经完全过去。他预测,飞机和坦克部队将超过步兵。[36]早在 1924 年,斯宾格勒就指出,一个新的时代正在到来,在这个时代,伟大的"战略高速公路"(strategical highways)将对战争起决定作用。这些连接广袤陆地的动力线(power lines)将使一种全新的大陆封锁成为可能,从而动摇整个海权体系。

　　这一先见之明使斯宾格勒看到德国在一种新(对其他国家来说是致命的)光芒中所扮演的角色。他设想出一个"普鲁士社会主义"的德国,其公民"将毫不妥协地为国家服务"。德国在历史上所扮演的角色可能是决定性的。这既因为它的地理位置位于"世界最重要大陆"亚洲的边缘,也因为德国人民可能足够年轻,能够决定并规划世界性的历史问题。其他古老、僵化的民族将处于防御态势,而"进攻蕴含着更大的胜利可能性"。

　　但实际上斯宾格勒并不敢预测德国凯撒会取得这样的胜利。他一次又一次地问,德国(该国的政治变革经常是在"情绪醉酒"[emotional drunkenness]的状态下进行的)是否能认识到这样一个重要现实,即德国不是一个自给自足的孤岛。斯宾格勒警告说,如果德国看不到自己与世界的真实关系,命运会将其无情地淹没。

　　就他自己的国家而言,斯宾格勒关于欧洲凯撒主义的预言是合理的,这一点无需进一步的论证。他在全面评估纳粹革命的直接影响上所犯的错误可能已经使他更加清楚地看到,[37]这场德国凯撒主义的巨大戏剧背后正在酝酿着僭主的倒台和军队统治的崛起。陆军元帅布劳希奇(von Brauchitsch)被解职,陆军元帅赖歇瑙(von Reichenau)神秘死亡。获得对俄罗斯作战的指挥权时，希特勒对军队发出蛊惑人心的呼吁。所有这一切似乎都表明，历史再次遵循斯宾格勒的预言，尽管希特勒可能已经在与军队将领的斗争中赢得了首轮胜利。

斯宾格勒关于西方没落的悲观愿景是否适用于更广泛的欧美文化和文明领域？希特勒的世界所展现的自我毁灭是否只是我们自身命运的一个先驱？对"管理革命"（managerial revolution）的先知和相信"西方"统一文化为整个欧洲和美洲创造共同命运的人来说，他们的论述即使没有明确地宣称这一点，至少在字里行间也如此透露了。

司汤达（Stendhal）在 1817 年写道：

> 这个世界就像一本书，如果一个人只了解自己的祖国，那么他只读了第一页。

斯宾格勒对英美的分析揭示了这一点。他只了解自己的国家和意大利，但他发出警告，如果德国人把自己的研究局限于阅读莎士比亚，那么他们将永远无法理解英国人，无法理解其生活哲学和政治思想。因此，斯宾格勒建议，德国的英语老师应该到一家英国公司至少接受一年的培训。[38]他应该在英国而不是在德国学习如何阅读《伦敦时报》，尤其是学习如何读懂它字里行间蕴含的意思。

斯宾格勒对盎格鲁－撒克逊列强的看法被那个时代德国人普遍观念中的典型偏见所影响。至于英国，他对其统治阶级具有入迷至深的设想。斯宾格勒抨击了一种普遍看法，即有的民族特具政治天赋。大众中貌似政治天赋的东西，只不过是他们对自身领导才能的自信。在他看来，作为一个民族，英国人与其他任何民族一样在政治问题上非常狭隘和不明智。他们只是拥有自信的传统。英国统治阶层的目标和方法完全独立于人民。几个世纪以来，与维京人一样，英国人一直把世界看作它的猎物。但今天，它的力量正在衰落，它在走向颓废。对斯宾格勒来说，1933年的英国就是以牛津联盟这一"英国最具贵族气派的大学中规模最大的学生俱乐部"为典型代表的——当时俱乐部以压倒性的多数票通过决议，"在任何情况下，议会绝不会为国王和国家而战"。

现在英国已经不再是一个孤岛，飞机和潜艇已经成为优势武器，在这样一个统治阶级的统治下，英国怎么可能有望保持其权力呢？斯宾格勒说，英格兰民族在精神上和种族上已不再年轻和强大，不足以自信地战斗。"海上霸主"（Mistress of the Seas）将和无畏号一起被遗忘。在英国，年轻人"迷恋布尔什维克的问题并将色情作为一项运动"。这样的英国已经无法维系英联邦的理想。[39]如果加拿大和澳大利亚看到在美国方面有更好的机会来抵御日本，他们就可以抛开感情，转而向美国投怀送抱。英格兰民族将没有生存的机会，因为它建立在贫富对比的基础上，而"普鲁士主义"的崛起建立在命令和服从的原则上。

遥望大洋彼岸，斯宾格勒在美国看到更严重的颓废——他在1917年称，美国"与其说是一个国家，不如说是一个地区"。①在美国进入世界政治的过程中，总统和国会的并行将变得站不住脚。在真正危险的时刻，它会让位于"无形的力量"，比如墨西哥和南美长期以来所熟悉的那些力量。缺乏政治思维的美国政客们仍将是经济势力、制造商协会和工会的工具——"除非

---

① 希特勒也曾对劳施宁说过同样的话："从民族构成上来说，美国还不是一个国家，而是一个由不同元素组成的集合体。"

他们（这些势力）找到真正的政治家作为领导人。

随着岁月的流逝，斯宾格勒对美国的看法变得更加悲观。1933 年，他曾经提出一个问题："芝加哥会成为新世界的莫斯科吗？"斯宾格勒同时看到一种日益增长的趋势，称之为"美国群众的逐步布尔什维克化，美国大众的思想、希望和愿望日益俄国化"。他认为美国没有抵御这些趋势的中心，"美国没有昨天，也许也没有明天"。在他看来，美国与布尔什维克俄国的相似之处似乎比人们普遍认识到的要大得多。[40] 同样辽阔的空间范围将排除任何从外部成功攻击的可能性。这将使"国家"变得可有可无，并将阻碍真正政治思想的发展。因此，生活将完全建立在经济基础上，因此将缺乏深度。它不会包含几个世纪以来形成并教育西方民族的历史悲剧元素。斯宾格勒认为，在美国，宗教已经变成一种娱乐，而战争则被视为一项新的运动。美国人已经形成一种标准化的类型，任何背离或批评它的人就会受到排斥，在纽约就像在莫斯科一样。

然而，尽管斯宾格勒认为，迄今为止，美国作为一个有机体还没有成为一个真正的民族，或一个真正的国家，无数的人口从一个城市流浪到另一个城市，追逐金钱，肆无忌惮，放荡不羁，但他也看到这种无纪律无政府状态发展的另一面。他看到一个可能比英国更强大的海洋强国的崛起，它将控制两个大洋。美国已经成为国际政治中的主导因素。现在它将被迫按照真正的国家政策来思考和行动，否则它就会消失。但斯宾格勒似乎对美国人发展这种国家观念的能力持怀疑态度。他关注那些不属于"统治者的盎格鲁－撒克逊类型"的数百万人以及"家在芝加哥"的"有外国思想的无产阶级"。[41] 他已经了解强大的黑社会、秘密社团、类似于政府的托拉斯、爱荷华州起义的农民以及大批的失业人口，"其中大多数都不是百分百的美国人"。他不知道这片土地将何去何从。斯宾格勒觉得自己与美国的关系还不够密切，无法谈论美国的未来。但他确信自己看到的是未来的黑暗而不是光明。他甚至提出，美国是否会分裂成几个独立的州，如工业发达的东北部、农业发达的中西部、黑人聚居的南部和落基山脉以外的地区。

这些想法表明了斯宾格勒对盎格鲁－撒克逊世界的困惑和不确定。他看不到英国和美国生机勃勃的力量，没有意识到这个世界上人为因素给未来带来的巨大增长和发展。最重要的是，斯宾格勒没有料到，在危险时刻，这些国家所有潜在的积极品质会苏醒并创造出民族和国家的因素。他确实说过这些因素对民族和国家的生存必不可少。当意识到自身生存面临危险时，讲英语的民族就增强了抵抗毒素的能力，因为这种毒素有可能使得他们在希特勒主义的攻击面前束手无策。斯宾格勒的根本错误在于，他没有意识到，受感染的国家体内可能会产生足够强大的抗体用以拯救他们的生命。

我们尚未谈及俄罗斯在斯宾格勒世界观中所扮演的角色。我们已经看到，斯宾格勒在谈到德国将要发生的事情时，他的观点是有预见性的，但他无法看到英美背后的情况。[42]他也不敢预测俄罗斯的未来。当《西方的没落》第一卷在1919年出版时（序言日期为1917年12月），最后一页包含即将出版的第二卷的内容。斯宾格勒打算给最后一章起的标题是"俄罗斯和未来"。然而，当第二卷出版时，这一章还没有写完。在斯宾格勒所有的预言中，没有什么能比这个他最终不愿意做出的预言更重要！

不过，在《西方的没落》第二卷中也有一些关于俄罗斯的重要论述,在他的政治手册中甚至有更具体的预测。在他的主要作品中,斯宾格勒谈到莫斯科大火后发生的事件,称其为"原始人的宏伟行动"。随后发生的是神圣同盟的缔结和俄罗斯参与西方列强的协调机制。俄罗斯人民的命运本应是"世世代代没有历史的生活",然而他们却被迫进入一种人为的、"虚假的"历史。他们原始的灵魂无法理解这种历史的精神。在这片没有城镇、只有原始农民的土地上,虚假的、不自然的城市像"溃疡"一样黏附在俄罗斯乡村的土地上,不断蔓延。有一天,它们可能会随着晨雾消失。耶稣曾在加利利见过这些城市。圣彼得看到罗马帝国时一定也有这种感觉。所有这些都是真正的俄罗斯人所感受到的。他们对欧洲怀有根深蒂固的仇恨,对他们来说,"欧洲"就是除了俄罗斯之外的一切。斯宾格勒从俄罗斯世界表象看到深层次的宗教情感。他看到1914年的俄国青年,[43]肮脏、苍白、激动,总是沉迷于形而上学,就像罗马人以"厌恶、嘲讽和隐秘的恐惧"看待希腊城邦的犹太人和早期基督徒。斯宾格勒指出,布尔什维克主义者并没有看到俄罗斯基督教的力量。在布尔什维克眼中,耶稣基督不是一个宗教人士,而是和他们一样的社会革命家。真正的俄罗斯人是陀思妥耶夫斯基的门徒,尽管他可能没有读过陀思妥耶夫斯基的作品。在斯宾格勒的愿景中,接下来的一千年将属于陀思妥耶夫斯基的基督教。①

　　除了歌德和尼采,对斯宾格勒影响最大的莫过于陀思妥耶夫斯基。斯宾格勒用陀思妥耶夫斯基的眼光来看待他自己从未去过的俄罗斯。在一种世界末日的想象中,陀思妥耶夫斯基将西欧视为一个巨大的武装营地,它注定要在一场空前激烈和血

---

① See *The Decline of the West*, American edition, vol. II, p. 193.

腥的斗争中自我毁灭。在陀思妥耶夫斯基看来,欧洲的命运属于俄罗斯,因为只有俄罗斯人才有能力"与所有民族成为兄弟"。陀思妥耶夫斯基在其日记中一再重申俄罗斯人民是"怀道者"(God-bearing)这一概念。俄罗斯人将提供唯一可能的解决方案,不仅是为了他们的土地,也是为了欧洲和全人类。陀思妥耶夫斯基希望俄罗斯能够摆脱西方资本主义文明的物质因素和西方血腥的阶级斗争,保持其精神的纯洁。俄罗斯人民必须回归土地,回归俄罗斯基督。"与土地同在,与自己的民族同在,意味着相信正是通过这个民族,全人类将得到拯救。[44]最终这个世界将诞生这一思想,并在其中建立一个天国。"

德国将与我们分享什么呢? 陀思妥耶夫斯基问道。他在日记中写道,德国为自己设定了欧洲的西方世界,未来她将成为这个世界的领袖,但会把东方留给俄罗斯。因此,两个伟大的民族注定要改变世界面貌。在最后的日记中,也就是1881年,陀思妥耶夫斯基似乎改变了自己关于俄罗斯将新话语带到西欧这一历史使命的信念。他认为,现在是俄罗斯转向亚洲的时候了,还生动地描绘出俄罗斯的开拓活动和最终征服富裕东方的画面。"在欧洲,我们是奉迎者和奴隶,但在亚洲我们将是欧洲人!"

与《西方的没落》相比,斯宾格勒1920年出版的《普鲁士主义与社会主义》(Prussianism and Socialism)以更具体的方式处理俄国问题。在该书中,他谈到俄罗斯人不是一个民族,而是包括未来许多民族的潜力。在俄罗斯,斯宾格勒看到一种文化即将出现,而西方的暮色却越来越浓。俄罗斯精神与西方精神之间的分裂再清楚不过了。然而,英国人、德国人、美国人、法国人无论在精神、政治和经济方面的差异有多深刻鲜明,与俄罗斯的精神相比,他们都汇聚在一个统一的世界里。我们无法理解俄罗斯灵魂的深度：我们无法理解俄罗斯对西方的可怕仇恨，这是它体内的毒素。[45]西方文明已经成为僵化的城市文明。真正的俄国人是农民，即使成为学者或官员，他仍然是农民。西方人把城市带进乡村，俄国人把乡村带进城市。俄罗斯工人永远不会像曼彻斯特、埃森或匹兹堡的工人那样成为大众的一部分，他们仍将是逃跑的收割者或农夫。

在美国版《西方的没落》最后一页即第 504 页的一个脚注中，斯宾格勒得出了关于俄罗斯和机器时代的最终结论：

> 俄罗斯人带着恐惧和仇恨看着由车轮、电线和铁轨组成的僭政。如果现在和将来出于需要而不得不屈服，总有一天他会把这一切从他的记忆和环境中抹去，并在他周围创造一个新的世界。在这个新世界里，这种邪恶的技术将荡然无存。

关于这一点，汤因比（斯宾格勒的崇拜者）以一段有趣的文字，描绘了他在 1933 年看到的俄罗斯的未来：①

> 列宁及其继任者……正以魔鬼般的力量在工作，以确保他们在全世界所谴责的文明在俄罗斯取得胜利。毫无疑问，他们梦想创建一个装备上是美国式的，但灵魂上是俄罗斯式的新社会。然而，对于那些把唯物主义和决定论的历史解释作为信仰条款的政治家来说，这是一个奇怪的梦想！根据马克思主义的原则，我们必须期待，如果一个俄国农民被教导[46]按照美国机械师的方式进行工作和生活，那么

---

① *Survey of History*，iii，p. 202.

这个农民也将学会像一个机械师那样思考，按他的感觉去感受，并渴望他所渴望的东西。在这场我们在俄罗斯亲眼看到的列宁的理想和福特的方法之间的拉锯战中，我们可以期待看到西方对俄罗斯文明的现代优势以自相矛盾的方式得到证实。

事实上，与汤因比相比，斯宾格勒对这一点印象尤为深刻，即俄罗斯人对这个试图"在装备上是美国式，在灵魂上是俄罗斯式"的新社会深恶痛绝。对他来说，这是在创造一种针对所有形式的西方文化的虚无主义。

斯宾格勒清楚地看到，俄罗斯亚洲面孔的巨大轮廓浮现在未来的迷雾中。在1933年出版的《决定时刻》中，斯宾格勒总结俄罗斯在世界政治中的未来远景。现在他更清晰地描绘出俄罗斯的亚洲面孔。俄罗斯已经重新成为亚洲的一部分，德国在维斯杜拉河和喀尔巴阡山脉与亚洲交界处占据她的旧位置。斯宾格勒再次把目光投向美国和俄罗斯。双方会达成决定世界命运的共识吗？他觉得，这并不是不可能的。俄罗斯从外部是不可征服的。距离是一种尚未被征服的力量。斯宾格勒在1933年写道，西方的任何进攻都毫无意义。那将是进入虚空的一种推力。

亚洲和俄罗斯一样。从地理上讲，日本只是这个大陆的一部分。斯宾格勒认为，未来的日本帝国将在太平洋上形成。[47]在种族上，她更接近马来人、波利尼西亚人和美洲西海岸的印第安人，而不是亚洲内陆的种族。海上的日本就像陆地上的俄罗斯：掌握着西方列强无法再施展权力的广阔空间。

为了使他对未来俄罗斯和日本的构想更加不祥，斯宾格勒将俄罗斯归入一个"有色"世界,其黄、黑、棕、红的群体将威胁到白人世界的生命。在这些有色人种的力量中,这位悲观的预言家不仅将非洲人、印第安人、黑人、美洲的混血儿、伊斯兰民族和印度人、中国人计算在内,最重要的是也将日本人和俄国人计算在内。这样一场革命可能会动摇一个世界的根基,西方悲剧的最后一幕的帷幕已经拉开。

　　人们很少关注斯宾格勒对俄罗斯未来作用的预测,也很少关注到他对"有色世界革命"的不祥预言。它们被认为是未来先知的奇妙创造。政治家和军人并没有去研究他对未来事物的构想,从而发现敌人与(明天可能成为敌人的)朋友的计划。但是,如果满足于让哲学家担心斯宾格勒的世界观,这难道不是一种鲁莽的行为吗? 正是基于这种全球性的观点,德国地缘政治学家为世界革命制定了战略方案。这种世界观往往相似,偶尔也会相同,它解释了我们试图探索的、斯宾格勒关于 20 世纪的预言。[48]它使我们认识到面向东部大草原的地缘政治战略的全球特征。"帝国向东行进"——我们将再次发现这个概念,我们会发现斯宾格勒的预言在豪斯霍弗的预言中反复出现。

第三章　豪斯霍弗，党和军队

多少岁月以后
我们的崇高场景将在未出的国家
和未知的口音中上演！

——莎士比亚

[49]只有像巴尔扎克（Balzac）或杜米埃（Honoré Daumier）那样的天才才能描述一战后巴伐利亚首府慕尼黑的气氛。大多数美国游客只知道这里是缪斯女神一个快乐的避难所，却没有意识到，在表面之下，这里孕育着比德国其他地方更多的秘密。慕尼黑一直是知识分子的大熔炉，酿造着各种稀奇古怪、神秘莫测的德国调制品。这些产品不仅为少数知识精英所享用，也为这座城市的大部分人口所享用。在啤酒大厅和咖啡馆里，人们自由地与自诩为天才的人交往。这些自诩为天才的人预言新时代和新领导人的到来。作为革命思想的核心，慕尼黑不仅成为德国，甚至是全世界心理学家和社会学家研究的对象。在德国战败的日子里，慕尼黑给斯宾格勒、豪斯霍弗和希特勒提供庇护，这绝非偶然。[50]这三个人组成一个奇怪的团队，但在权力欲望的先知中各有各的位置。我们若要理解当代德国政治思想的全部含义，就不仅要考虑希特勒和他的阵营，也必须将斯宾格勒和豪斯霍弗考虑进来。只有这样，我们才能充分认识到德

国政治哲学的危险,现在它正在震撼世界。

希特勒主义野蛮的血与土(blood‑and‑soil)①的意识形态的确只是一个短暂的插曲。历史在此时此刻已经在书写它的末章。未来将看到希特勒背后的人与希特勒之后的人之间的斗争。军队精英和党内精英争夺最终权力的冲突不可避免——除非这一次历史不会重演。但没有任何迹象表明,现代的凯撒会比过去的凯撒有更好的命运。

任何明智的战略都必须评估敌人意识形态未来的可能性。希特勒已达到顶峰。因此,忽视这样一个事实将是短视的,即德国幕后的其他人可能正在制定自己的蓝图。

我们试图去详细描述而不是批评这些巨大的蓝图。在慕尼黑幽静的书房里,带着对同时代人的全然蔑视,斯宾格勒绘制出这些蓝图。在类似于斯宾格勒冷漠超脱的哲学氛围中,豪斯霍弗的世界观也诞生了。但豪斯霍弗不是哲学家,他满足于置身当时的政治边缘。[51]每当被德国政党政治的卑劣所打败,像皮提娅(Pythia)一样站出来公开向那些他认为可能会阻碍时代潮流的群体——实业家、德国贵族,尤其是学生——发表演说时,斯宾格勒总是怀着厌恶和幻灭的心情回到他的书中。在他看来,那一代人似乎被埋葬在腐朽文明的废墟之下。斯宾格勒深信德国是世界的关键之地,不仅因为它的地理位置,还因为德国人本身的某些品质。但当谈到俄罗斯和未来以及“有色人种

---

① [译注]Blood and soil 就是血与土,这句口号源自德文 Blut und Boden。二战时期,纳粹德国提倡民族的生存,依靠血统和土地。血与土的论点成为消灭其他民族以求生存的解释,日后更成为纳粹德国意识形态的核心。

世界革命"的曙光时,斯宾格勒是在致信给未来的人们,而不是致信给自己这一代人。

正如我们所说过的,斯宾格勒对德国未来的悲观主义和宿命论在豪斯霍弗身上留下了永久的印记,尽管豪斯霍弗经常试图摆脱和否认这种影响——仿佛这样他就可以平息自己对德国命运的疑虑和担忧。① 是的,豪斯霍弗相信"西方"的没落和衰败,他怀着毫不掩饰的恐惧写道:"德国与西方的没落毫无关系。"②我们怎么强调斯宾格勒对豪斯霍弗的潜在影响都不算过分,豪斯霍弗不仅将成为德国地缘政治学派的创始人,还将成为德国地缘政治战略的创始人,而德国地缘政治战略对世界具有更加重要的意义。

斯宾格勒最后一次的公开演讲是面向美国公众,恰逢希特勒上台三年。斯宾格勒并没有谈及纳粹革命,此后不久就去世了。[52]这并不是因为他不敢公开攻击希特勒。事实上,他是少数几个有勇气反对新政权的人之一。③ 但在这时,斯宾格勒并没有轻率地对待当时这些琐碎的事情。在回复赫斯特(William Randolph Hearst)的电报时,斯宾格勒说:"世界和平可能吗?"也可能正如豪斯霍弗所写的:

> 世界和平是否可能实现的问题,只有那些对世界历史

---

① Karl Haushofer, *Raumüberwindende Mächte*(*Space – conquering Powers*), Teubner, Leipzig, 1934, p. 96f.

② Karl Haushofer, *Raumüberwindende Mächte*, Teubner, Leipzig, 1934, p. 95.

③ [译注]在1934年写给本书作者的一张公开的明信片上,他对希特勒及其副手们表示极大的蔑视。

有研究的学者才能回答。学习世界历史意味着要了解人类的过去和将来。这中间存在着巨大的差异，但大多数人永远学不会理解，无论人们是按照未来历史的样子来看待它，还是按照自己的愿望来看待它。和平是愿望，战争是事实，人类历史从来不关心人类的愿望和理想。生命是植物、动物和人类之间的斗争，是个人、社会各阶层、民族和国家之间的斗争，不论它是以何种形式进行的斗争，以经济、社会、政治抑或军事形式。这是一场为实现个人意志、个人利益或实现个人认为有用或正义的想法而进行的权力斗争。如果其他手段失败，人们总是会使用武力作为最终手段。人们可能将使用武力的个人称为罪犯，将使用武力的阶级称为革命的或背信弃义的阶级，将使用武力的民族称为嗜血的民族。

但这并不能改变事实。当今的国际布尔什维克主义将其战争称为革命，殖民帝国将其战争称为对外国人民的安抚。如果世界是一个国家联盟，人们就会把这些战争称为革命。这些只是文字上的差异。[53]一个危险的事实是，今天只有白人在谈论世界和平，而不是更多的有色人种。只要仅有个别思想家和理想主义者这样说——他们总是这样——那就没有任何效果。但如果整个民族都主张和平主义，那就是衰老的征兆。强大的、未被耗尽的种族不是和平主义者。这是一种对未来的放弃，因为和平主义的理想意味着一种与现实生活相矛盾的最终条件。只要人类有发展，就会有战争。但是，如果白人厌倦了战争，他们的政府无论如何也无法说服他们参战，世界就会成为有色人种的猎物，就像罗马帝国成为日耳曼人的猎物一样。和平主义意味着把权力留给天生的非和平主义者（其中也总会有白人），留给冒险家、征服者和优等种族（Herrenmenschen）。他们一旦成功，就总能找到追随者。如果今天在亚洲，伟大的革命开始反对白人种族，许多白人会加入它的行列，因为他们厌倦了和平的生活。和平主义仍将是一种理想，战争仍将是事实。如果白人决心不再发动战争，有色人种就会发动战争，他们将成为世界的统治者。

无论细节如何模糊，这也是豪斯霍弗的信念———一场即将到来的有色世界革命，一个战争不断而没有和平的时代，一个凯撒主义大行其道的时代，（最重要的是）一场白人也将在其中发挥作用的世界革命。这不仅仅是慕尼黑大学地理和政治学院的一篇高深（或不那么高深）的学术论文。[54]它是现实政治的基础，是塑造德国新军事思想的基础，是试图影响希特勒主义的权力政治，进而影响世界权力政治的基础，其中有的成功有的失败。它的最终目标是塑造人们的思想，按照豪斯霍弗的信念，当纳粹悲剧的最后一幕落下帷幕时，这些人将接管最终权力。

第一次世界大战结束后，豪斯霍弗率领他的部队从俄罗斯战场撤退并遣散他的士兵。纳粹悲剧的第一幕当时还没有开始。同时决定把政治作为新职业的这两个人彼此并不认识。他们是完全不同世界的两个人：家庭背景、接受的传统和教育完全不同。但两人都是在同样暗淡的失败阴影中迈出通向政治世界的第一步，都是在 1918 年慕尼黑的惨烈气氛中形成自己的政治信念，制定自己的第一个政治战略计划。一群醉酒的水手和非巴伐利亚咖啡馆革命者在慕尼黑占据主导地位，这确实是一个令爱国者心碎的场面。如果这没使他心碎，那么就会使他的心坚硬，从此永远地反对任何人性的呼吁，并点燃仇恨和复仇的火焰。正是这种气氛毒害了斯宾格勒、豪斯霍弗和希特勒这三个人的思想。他们在不同的工作室工作，使用完全不同的工具，但他们的目标是一样的，即让德国再次强大并复仇。

1918 年，豪斯霍弗首次在慕尼黑大学讲授地理学和军事史，他并没有进入一个新的领域。[55]因为即使在还是一名军官时，豪斯霍弗就一直渴望成为一名教育家和政治策划者。他继承了父亲对科学成就的渴望，他的父亲当时是教授，同时还是诗人。作为巴伐利亚总参谋部派往远东的首位军事观察员，豪斯霍弗在日本待了两年，利用这个机会成为研究远东那片广袤地区的专家，而这些地区在 1908 年远离德国国际政治的焦点。这位三十九岁的上校在执行任务时几乎没有意识到，他想为自己夺取的新世界将成为德国将发挥主导作用的全球政策不可或缺的一部分。

1911 年，豪斯霍弗在慕尼黑获得博士学位（毋庸讳言，他的论文是关于日本问题的），从而迈出成为战前德国知识分子的第一步。他并不是德国军队中唯一拥有哲学博士学位的军官。但是，在前希特勒时代，将军事思想的现实主义实践与德国大学毕业生所需的扎实科学背景相结合的军官还是少之又少。

豪斯霍弗用两年时间完成了从少校到慕尼黑大学教授身份的转变。以大学传统的院系规则来衡量，他的领域既广泛又不寻常。一位前将军讲授政治地理和军事历史这一罕见事件很快使豪斯霍弗成为该大学的风云人物。[56]在整个德国，不安分的战时和战后一代学生开始谈论豪斯霍弗这位将军教授和他的地缘政治学。他们也曾以同样模糊而热情的方式谈论斯宾格勒。在慕尼黑，另一个人的名字也出现在他们的谈话中，阿道夫·希特勒。

任何试图定义豪斯霍弗的地缘政治学的尝试都会遇到难以逾越的障碍。尽管写过无数书籍和小册子,并在他的《地缘政治学杂志》上写过数百篇评论(篇幅从一千五百字到四千五百字不等),豪斯霍弗从未将自己的观点组织和浓缩成一个体系。相反,他以一种复杂的风格表达了自己最重要的思想。这种风格即使对德国读者来说也极难理解。在得出关于德国地缘政治学的结论时,豪斯霍弗甚至更多地使用了一些冗词赘语。

最近许多批评家对豪斯霍弗的文风和方法非常反感。他们低估了他,认为他不过是另一个希特勒式的嗜血梦想家,想要德国统治世界。他们痛斥豪斯霍弗文风过于复杂,他们是对的。在很大程度上,这种错误是由于豪斯霍弗认为自己是一个诗人,他的梦想围绕着大地而存在。与斯宾格勒相比,豪斯霍弗作为作家并没有得到太高的评价,尽管他偶尔在想象力和文风上有很高的造诣。[57]豪斯霍弗是尼采描述的一种思维方式的完美例证:

> 外国人对德国人灵魂深处矛盾的特性感到困惑和着迷。这整个灵魂之家是多么的混乱和富有啊!……这种德国精神和良知的迷雾。①

这就是豪斯霍弗本人所描述的、具有鲜明特征的"地缘政治的恶魔之美"。这是他作品中最糟糕的部分,我们如若受其影响将是一个错误。

---

① [译注]尼采,《善恶的彼岸》(第8章,第244小节),魏育青等译,上海:华东师范大学出版社,2016,页215。

但豪斯霍弗本人并非一直没有意识到这种模糊性。他常常故意用晦涩难懂的诗来掩盖他的政治分析和预测。对豪斯霍弗来说，理想的读者是"懂得字里行间的意蕴"的人。他完全赞同那句老话：人类拥有舌头是为了掩藏自己的思想。作为豪斯霍弗最忠实的信徒，他那并非纯种雅利安人（希特勒忘了这一点）的儿子阿尔布莱希特说："［人们］……不应讲述任何不真实的事情，但也不必把所有真实的事情都写下来。"1939年，当战争的阴影越来越大时，这位年轻人甚至还进一步指出，这条规则只在和平时期有效。他笨拙地补充说："其他时期还有其他规则。"

在豪斯霍弗思想和作品中，不可估量的东西如此之多，这使得我们很难了解他的作品，在一定程度上解释了德国地缘政治学的奇异性，也解释了为什么我们在其作品中寻找一个组织良好的体系乃是徒劳。[58]然而，豪斯霍弗比他之前和之后所有写过政治地理和地缘政治问题的作家都重要一百倍。正是由于缺乏有组织的体系，他才成为如此重要的政治人物。因为只有这样，他才能获得所需要的自由和独立，不是作为政治教授，而是作为一个国家数得着的政治家和教育家。

在1927年的重要著作《边疆》的序言中，豪斯霍弗如是描述其作品的情感基础和目标：

> 最后，1918年深秋，作为预备师的指挥官，我从曾经是帝国边境省份的废墟返回家乡。我当时开始意识到，这个天赋异禀的国家极度缺乏边疆本能和边疆意识。这与其他民族的边疆本能形成了强烈的对比。当看到德国人对其敌人的地理术语盲目信任，并痛苦地体验到他们在为争取地

球生存空间而进行永恒的边疆斗争方面自欺欺人时,我内心的痛苦以及我预见到即将属于整个民族的痛苦在那一刻转化成创作这部作品的动力和计划。①

在一篇关于德国生存空间概念的优秀文章中,格里斯沃尔德(A. Whitney Griswold)指出,"正是在这样的领域而不是经济学领域,德国的生存空间学说找到它的起源"。②[59]生存空间理论的诉求是感性而非理性的。这给了希特勒一种武器,使他能够在《凡尔赛条约》以及全球经济大萧条造成的世界里征服德国人的心。这是不可低估的,因为个人和民族对生存空间的渴望与生俱来,充满生命力。但是,存在着一个又一个的生存空间。大地正在从政治、经济甚至文化方面迅速成为一个封闭的单位,其关键问题是要完成一项艰巨的任务,即为所有人类群体在阳光下找到合适的位置。

地缘政治学一直被定义为使各国追求适当生存空间的情绪化努力的理性化。这样的定义从一开始就承认,不存在适用于所有国家的地缘政治理论。但是,即使在一个特定的国家里,地缘政治学也不存在。冒着使问题过分简化的危险,我们可以指出,丘吉尔与克里普斯(Stafford Cripps)、贝当(Henri Philippe Pétain)与戴高乐,以及罗斯福与美国孤立主义者在生存空间的想法方面存在着巨大的鸿沟。德国对生存空间概念也没有一个明确的定义。希特勒与豪斯霍弗对生存空间的理解也彼此截然

---

① [译注] Karl Haushofer, *Grenzen in ihrer Geographischen und politischen Bedeutung*, Kurt Vowinckel, 1927, p. xii.

② A. Whitney Griswold, "Paving the Way for Hitler", *Atlantic Monthly*, 1940, pp. 314 – 321.

不同。他们的教义并不是唯一击中并赢得德国人民想象力的理论。汉斯·格瑞姆(Hans Grimm)写了小说《没有空间的人民》(*Folk without Space*),其主题是对生存空间的渴望。这种对生存空间的渴望朦胧模糊,又因此而吸引人,在数百万德国人心中留下了深刻而永恒的烙印。[60]希特勒、豪斯霍弗和格瑞姆仅代表饱受战争踩蹋和分裂的德国所存在的三种重要思维方式,这些思维方式不断交叉。还有许多其他概念,虽然影响力没那么大,但构成了国家政治思想的整体。

通过讨论生存空间这一概念,我们接触到豪斯霍弗的德国地缘政治,不过只是顺带提及。在详细讨论过其军事、政治大战略后,我们还将再次回到这个问题上。因为他的权力政治观点远比那些情感概念(emotional concepts)重要得多,对豪斯霍弗来说,情感概念一直是达成目的的手段。

豪斯霍弗的视角是关于空间和距离的,他奇迹般地将自己从那些局限中解放出来。即使是最大胆的生存空间理论家也必须被迫受制于这些局限。布哈林(N. Bukharin),最聪明的布尔什维克主义理论家之一,1935年在文章中谈到德国特有的地理自然主义。他指出,"法西斯哲学家对'空间'范畴的定义比'时间'范畴高出五个头"。① 他这么说完全正确,但是这一论断不仅仅适用于"法西斯哲学家"。当认识到"时间"既不会对我们有利也不会对我们不利时,联合国的政治家们也了解了空间与时间的这种关系。"时间"是剩下的唯一中立力量。但是,"空间"和"距离"已经上升到成为全球战争中决定性的武器。

---

① N. Bukharin, "Imperialism and Communism", *Foreign Affairs*, July 1st, 1935, p. 563.

早些时候,豪斯霍弗就意识到,对于一个觊觎越来越多权力的好战国家来说,广袤的土地至关重要。从对过去的巧妙探索中,豪斯霍弗不仅学到了这一贯穿古今的简单真理,[61]更重要的是,他还看清了下述事实:20世纪的机器时代出现了铁路和公路网以及最伟大的技术革命——航空技术,所有这些使得某些大陆因其广袤的土地而在世界历史中占有举足轻重的地位。德国将在即将到来的世界革命中发挥自己的作用,而且是重要的作用。但前提是德国的领导人和人民愿意并准备好在未来的大戏中承担责任。因此,豪斯霍弗认为,他的任务即教育的第一要务就是要教育国家的精英,为行动扫清障碍。把他看作权力欲望的学术导师是一个严重的错误,因为作为权力欲望的导师只会影响到有限的一部分鼓吹战争的知识分子。

豪斯霍弗的影响力蔓延到德国社会的各个重要领域。他成功地在地缘政治研究所建立一所不断壮大的青年学校。他们渴望将自己的生命和影响力奉献给豪斯霍弗主义的布道,并将豪斯霍弗看作不容置疑的大师。他的思想像星星之火在德国形成燎原之势。当时的德国正处于痛苦和病态,非常愿意接受任何带有美好时代承诺的布道。

然后,豪斯霍弗从慕尼黑总部直接影响那些围绕在慕尼黑褐宫①拐角处的人。这些人也在以他们业余的方式绘制政治蓝图。豪斯霍弗对希特勒及其手下的影响有多大一直是个问题。[62]根据关于豪斯霍弗的神话,他是"希特勒背后的人,帮助其

---

① [译注]褐宫(Brown Hous)是纳粹党的全国总部,位于德国巴伐利亚州慕尼黑布林纳街45号。其名称来自党员制服的颜色,建筑为石制,始建于1828年。

撰写《我的奋斗》的人"，希特勒主义野蛮的"血与土"教义与豪斯霍弗的学说之间几乎没有根本的区别。人们可以将豪斯霍弗看作希特勒的另一个追随者，一个神秘主义与现实主义的混合体，一个受到权力欲和对土地的渴求无情驱使的人。

但希特勒主义和豪斯霍弗主义并不完全相同。希特勒的帝国梦想从一开始就不局限于实现"向东推进"（Drang nach dem Osten）计划。该计划是早在希特勒之前就存在的德国愿望。确实，希特勒的权力欲并不仅仅局限于在乌克兰和俄罗斯大草原上建立德国农民的殖民地。但是，除这个目标外，希特勒想要拥有更大的权力，让越来越多的人像主宰者民族的工蚁一样被奴役，他的这个梦想迷雾笼罩，变动不居。他思想的钟摆在苏俄和大英帝国之间摇摆不定。希特勒举棋不定，无法确定是要与海权帝国同归于尽，还是与陆权帝国决一死战。希特勒主义与豪斯霍弗主义在国际政治中的根本区别就在于这种摇摆不定，这在希特勒对苏俄的政策中表现得最为明显。

豪斯霍弗政治观的显著特征是建立在某些基本地理规则上的一致性。1918 年，他和弟子们煞费苦心地绘制出世界权力计划，他从未对这个计划做出任何改变。我们可以想象，当他发现他孜孜不倦教导希特勒以同样的地缘政治理念思考问题的不懈努力失败时，他会多么痛苦。对豪斯霍弗来说，这一切并不是一场棋局，而是生命本身——他自己的生命和自己国家的生命。[63]虽然希特勒和豪斯霍弗都梦想德国成为世界强国，但豪斯霍弗知道德国的地理位置，而希特勒并不知道。我们将在后面讨论豪斯霍弗反对希特勒的反共产国际政策的悲剧性斗争。豪斯霍弗在这场斗争中败了，希特勒对俄国展开入侵。豪斯霍弗的失败给了这个尚不属于希特勒的世界一个生存的机会。

在豪斯霍弗争取对希特勒影响力的斗争中，赫斯（Rudolf Hess）是最重要的一个人物。赫斯的故事确实是现代历史上最伟大的故事之一，一个仍然笼罩着神秘色彩的故事。在他飞往苏格兰的传奇之谜被揭露前，这个故事会一直如此。① 也许只有豪斯霍弗和赫斯才能解释自国家社会主义初期以来两人之间发生了什么以及是什么促使赫斯执行其神秘使命。

赫斯是豪斯霍弗早期的弟子之一。豪斯霍弗在数百名退役军官和士兵中遇到这个年轻人，当时这些人作为学生挤满了他在慕尼黑的讲座。他们所有人都觉得脚下的土地好像消失了一样，所以就像精疲力竭的游泳者一样，抓住水面上出现的任何稻草。

豪斯霍弗成为赫斯的导师。[64]后来，赫斯成为希特勒的副手，随着希特勒主义的扩张，他的地位和权力稳步上升。正是通过赫斯，豪斯霍弗试图教育和影响元首。赫斯是豪斯霍弗认为唯一值得在《地缘政治学杂志》专栏中不时提及的国家社会主义者。即使在 1933 年后，当德国其他出版物都忍不住在每一页奴性地向希特勒主义鞠躬时，《地缘政治学杂志》也冷静地避免这种马屁功夫。更有意义的做法是，豪斯霍弗偶尔会引用赫斯的话，甚至将他后来的一本畅销书献给希特勒统治阶层中这位当时最有权势的人。

很长一段时间里，豪斯霍弗不仅将赫斯看作元首选择的继承人，还将其作为自己遗嘱的继承人。这并非夸大其词。在一篇关

---

① 为什么丘吉尔错过了赫斯驾机飞往英国所提供的这个难得的机会？对我来说，这仍是一个无法解开的谜。

于华盛顿的美国传记的简短评论中，豪斯霍弗暴露了他的想法。他突然惊呼道："华盛顿二十二岁时的眼睛和嘴巴与赫斯太像了！"①

除赫斯和华盛顿外，许多年轻人都有浓密的眉毛和结实的下巴。豪斯霍弗发现两人之间的相似之处，是因为他有意无意地总想找到它。

尽管豪斯霍弗千方百计让赫斯成为自己的弟子，但事实证明，希特勒最终似乎具有更大的吸引力。[65]我们没有直接的证据来证明赫斯和纳粹党核心集团的其他成员随着时间的推移逐渐远离豪斯霍弗的影响。但是，如果赫斯的目的是为了说服英国的孤立主义者在12点前1分钟加入希特勒的势力反对布尔什维克主义，那么赫斯肯定已经把他的老导师远远抛在身后。

在豪斯霍弗的书和《地缘政治学杂志》中确实找不到对希特勒及其学说的歌功颂德。此外，与德国国内外的大多数旁观者一样，地缘政治研究所的人误解了1933年德国国内革命的意义。典型的代表是《地缘政治学杂志》的编辑们，即豪斯霍弗、阿尔布莱希特以及伏温克（Kurt Vowinckel）在1933年4月为迎接新政权而发表的社论。在社论中，他们自豪地强调，自1924年以来，他们的政策一直是维持"社会贵族作为真正领导阶层的精英，②反对过于广泛的社会民主"。豪斯霍弗，这个蔑视民众统治的贵族，很快就得到一个惨痛的教训，即新的"精英"与他梦想的"社会贵族"理想相去甚远。然而，他知道如何隐藏自己的情感。豪斯霍弗一直清醒地意识到自己的任务是"让我们

---

① *Journal of Geopolitics*,1937,p. 138.
② *Journal of Geopolitics*,1924,p. 127.

的主人受到教育"——他喜欢引用这一格言。[1] 当希特勒的权力已经牢固确立时,豪斯霍弗仍然希望这个僭主能遵守他的游戏规则。豪斯霍弗有时会对希特勒表示应有的尊重,尤其是在一些更流行的出版物上。[66]但是能听懂话外之音的人会发现豪斯霍弗内心的保留。然而,他很少敢公开批评纳粹主义的意识形态。例如,他曾写道:

> 有些人无论如何都不能客观地观察。他们是所有党纲的发起者,包括国际社会主义纲领。本研究并不是针对他们,也不针对那些对事实视而不见的种族狂热分子。没有这些事实,任何养蜂人、养鸽人、牛马饲养员都无法生存或做生意,更不用说人类国家组织的领导人。[2]

毫不奇怪,"血与土"理论最精明的理论家罗森贝格(Alfred Rosenberg)很快就意识到豪斯霍弗并不是一个可靠的、真正的希特勒主义者。他斥责豪斯霍弗对文化的解释是环境论而非"种族有机体"理论。[3]

但是,德国地缘政治学与希特勒主义理论之间的真正鸿沟,并不在于这种教条主义的分歧。大多数新的空间和种族理论家对精确、科学的定义和解释既不感兴趣,同时也由于教育背景而无法用模糊的术语来思考问题。然而,这种"大众化科学"(最

---

① Karl Kaushofer, *Geopolitische Grundlagen*, Berlin: Industrieverlag Spaeth & Linde,1939.

② *Journal of Geopolitics*,1924, p. 127. 1933 年出版的《地缘政治学杂志》在第 193 页对此又审慎地加以引用。

③ Alfred Rosenberg,*Der Mythus des zwanzigsten Jahrhunderts*(*The Myth of the Twentieth Century*),Munich,1930,p. 403.

激进的代表是希特勒)之所以成为一种压倒性的力量,正是因为它诉诸情感而非理性。

要尝试对豪斯霍弗主义和希特勒主义的基本逻辑进行清晰的界定,我们还有另一个障碍。[67]虽然豪斯霍弗和希特勒有时使用相同的词语,但这并不意味着两个词具有相同的含义。无论是在政治理论家的语言中还是在大众的语言中,一个词越基础,其含义的差别就越大。当谈到"战争"和"和平","祖国"和"生存空间"时,希特勒和豪斯霍弗是从不同的层面来说的。只要我们没有一套政治和国际语义学体系,只要语言学的学生和普通大众没有掌握这套体系,我们能否获得这样的智慧就值得怀疑,试图给政治理论和宗教这些有生命的力量下定义就是毫无希望和愚蠢的。

豪斯霍弗主义与希特勒主义的区别并不在于术语和措辞方面。只有将一般概念应用到实际战略计划(plans of actual strategy)中才能看出这一点。但是,不管喜不喜欢,我们都会发现这个总体计划被层层意识形态的外衣所包裹。我们必须把这些外衣脱掉,并加以研究,才能了解计划本身。

在权力政治中,相信公开宣扬的理论是危险的。1933 年后,为向豪斯霍弗的弟子(更重要的是向希特勒和戈培尔博士)证明地缘政治学和纳粹主义或多或少是一回事,地缘政治研究所费尽心机,但这种努力仅具有次要意义。我们已经提到,豪斯霍弗和他的《地缘政治学杂志》在支持纳粹方面比其他人要保守得多。另一方面,这是他策略的一部分,目的是尽可能多地隐藏自己真正的不同意见。[68]只有当希特勒不怀疑另一个权力集团正在秘密集结自己的力量时,豪斯霍弗才有希望通过赫斯和其他人对第三帝国的国际政治和战略施加影响。偶尔对希特勒大唱颂歌也是为了这个目的。有时他们甚至是真诚的,例如萨尔地区回归德意志帝国时,以及占领奥地利时。

在另一个领域,豪斯霍弗主义和希特勒主义相互做出让步。在他们的信条中,英雄崇拜都是必不可少的因素。豪斯霍弗总是急切地强调,他的地缘政治学并非纯粹的地理唯物主义,因为它为人类的英勇活动留下大量空间。大多数情况下,豪斯霍弗尝试界定其世界观的基础,但并不奏效,特别是当他通过小学一年级的算术将地理决定论与所谓的人类英雄角色联系起来时。豪斯霍弗估计,地理决定论所占的比例为四分之一,剩下的四分之三属于主宰者民族或多或少的英勇活动。这一点虽然比较保守,但对研究其地缘政治学的学生来说并不令人信服。为了公正地对待这些人类品质,豪斯霍弗和他的追随者指出,地缘政治学最重要的目标之一是教育德国人民,特别是年轻人,培养他们的"英雄主义态度"。

豪斯霍弗指出,我们不应该忘记,地缘政治世界观需要补充以人类的英雄主义部分,即英雄崇拜。[69]在人类发展的问题中,只有大约四分之一由地理因素引起,这些因素导致人们通过自身环境对命运做出地缘政治解释。其他四分之三具有相当复杂性的问题应该来源于人类的种族素质和道德意志。①

无论豪斯霍弗的算术技巧多么幼稚,它们都表明了斯宾格勒、豪斯霍弗和希特勒的世界观中基本相同的精神,尽管他们之间存在着种种分歧。这是一种对凯撒主义的终极力量、对独裁

---

① Karl Haushofer, Introduction to the German edition of J. Fairgrieve, *Geography and World Power*, p. 6.

者的命令意志、对武士般的普鲁士精神的狂热信仰。在斯宾格勒的梦想中,普鲁士精神不仅要成为塑造德国的力量,而且要成为塑造世界的力量。①

英雄崇拜和对人类尚武美德的崇拜在豪斯霍弗的思想中所起的作用自然而然地传导给第二个群体。豪斯霍弗对这一群体有着强大的影响力。虽然争取和教育纳粹党精英的斗争是马基雅维利式的策略之一,豪斯霍弗要隐藏自己的真实目标和想法,但他与军队精英的关系却没那么复杂。从一开始,豪斯霍弗就牢牢控制德国军队中动脑子的人。军营,更重要的是,慕尼黑和柏林的参谋办公室都是他自己的世界。豪斯霍弗曾率领自己的团在孚日山、马恩河,随后又在波兰和俄国作战。[70]他的战友及朋友几乎没人留在德军残部中,《凡尔赛条约》减少了德军的骨干力量,使得曾经强大的德军只能保留最多为十万人的德国防卫军(Reichswehr)。但豪斯霍弗觉得自己与这些人的关系比与德国其他任何团体的关系都要亲密。受传统和等级制度本能(穿制服的人员拥有类似想法和感受)的驱使,豪斯霍弗和他们密不可分。他根本没有必要向他们讲解世界观和理论。在这里,豪斯霍弗是在与兄弟和朋友交谈,而不是在与陌生人交谈。对豪斯霍弗来说,党内的精英们,无论是鸡场主还是香槟酒贩子,仍然是陌生人,即使希姆莱(Heinrich Himmler)②夫妇和里

---

① O. Spengler, *Years of Decision*, p. 165.

② [译注]海因里希·希姆莱是纳粹德国的一名法西斯战犯,历任纳粹党卫队队长、党卫队帝国长官、纳粹德国秘密警察(盖世太保)首脑、警察总监、内政部长等要职,于1945年5月23日服毒自杀。他曾办过养鸡场。

宾特洛甫（Ulrich von Ribbentrop）①夫妇穿着装饰着国际法西斯勋章的漂亮制服时也是如此。军队里的人对豪斯霍弗的爱做出回报。对他们来说，豪斯霍弗不是慕尼黑大学的教授，而仍是一名将军，只是在不同的听众面前执行他在巴伐利亚皇家军队中的教育任务。不用说，豪斯霍弗总是把自己说成"少将教授"。

因此，当时的形势非常适合把军队精英培养成一群有准备、渴望成功的豪斯霍弗主义信徒队伍。随着时间的推移，他们的热情越来越高涨。但对他们来说，豪斯霍弗主义并不是地缘政治理论的意识形态，也不是豪斯霍弗试图用艰深难懂的术语解释空间法则的东西。引起军官兴趣的是将豪斯霍弗的理论应用于军事战略。对他们来说，这个人使得克劳塞维茨和施里芬（Graf von Schlieffen）的教义几乎成为一种宗教。[71]他们知道，豪斯霍弗所教的一切都符合德国战略大师们的基本准则。因此，他们愿意对豪斯霍弗的地缘政治研究所提出的任何战略计划给予最认真的考虑。我们将在后面看到，豪斯霍弗的计划实际上成为德国总参谋部全球战略的组成部分，直到贝希特斯加登的那位梦想家②用直觉取代了计算。

德国军队并没有长期保持在十万人的规模。在冯·塞克特

---

① ［译注］里宾特洛甫（1893—1946），纳粹德国政治人物，希特勒政府时曾任驻英国大使和外交部部长等职务，对促成德、日、意三国同盟起过重要的作用。此外，里宾特洛甫直接参与过闪击波兰，入侵捷克斯洛伐克和苏联的战争。二战后被英军抓获，1946 年 10 月被纽伦堡国际军事法庭判处绞刑。他曾在柏林经营主要面向英国和法国的酒类出口，1920 年与德国香槟酒制造大王亨克尔之女结婚。

② ［译注］即希特勒。

(Johannes Friedrich Leopold von Seeckt)将军的天才指挥下，德国防卫军秘密地发展壮大起来。成百上千没有参加过第一次世界大战的年轻军官都必须接受训练和教育。在他们看来，豪斯霍弗在其研究所和《地缘政治学杂志》专栏中孜孜不倦的教导就成为军事思想的基础。在这些年轻的军队精英中出现了一群豪斯霍弗的信徒，他们不像其他社会群体那样完全被纳粹主义思想所渗透。在希特勒时代之前，成千上万的年轻人因为家庭传统和倾向本来应该在大学学习，现在却决定成为职业军人。他们认为（他们的父母也这样认为），军队是德国唯一相对安全的地方，不受纳粹主义的影响和监督。这些十八岁的小伙子并不是希特勒青年组织的优秀成员，因此不禁对自己将来在党派主导的任何领域能否获得机遇持怀疑态度。[72]军队似乎提供了庇护和保护：一份事业，快速的晋升以及社会声望。战争终究会到来，为什么不以中尉身份代替列兵的身份来面对不可避免的事情呢？

这就是过去十年间成千上万参加德国军队的年轻人的秘密想法。今天，他们正以军官的身份为实现希特勒的梦想而战斗，除非他们已经找到一个小坟墓作为自己的葬身之地，而不是元首承诺给他们的大王国。但就在昨天，当战争尚未来临时，这些成千上万的年轻军官（他们中的许多人很难辨别德国和纳粹的身份），却急切地学习军事行当的基础知识。正是在这些德国年轻人中，豪斯霍弗找到了组建一支强大的、基于地缘政治的青年队伍所需要的人才。这些青年有朝一日将成为新德国的领导人。

的确，从豪斯霍弗的长远观点来看，军队精英是核心，是纳粹革命之火燃尽后涅槃而出的新凤凰。对于这位了解军事历史各个阶段的军人哲学家来说,政治舞台上的这种变化似乎不可避免。他更多的是一名外交家,不会谈论这种事情。但毫无疑问,他打心眼儿里赞同斯宾格勒在1933年7月希特勒国内胜利达到顶峰时所写的一句话:

> 世界革命,其开始时无论多么强大,其结束时都不会是胜利也不会是失败,而是被驱赶着前进的群众的顺从。它的理想没有遭到驳斥,[73]而是正变得越来越枯燥无味。

歌德在一句警句中表达了同样的思想:"热情不是腌鱼,想腌多久就腌多久。"豪斯霍弗知道这种顺从是一种心理因素,因为国家在情感上的反应方式是其地缘政治学的一项重要研究课题。他是否意识到,即使在第二次世界大战爆发之前,并且从那时起,随着权力的不断增加,这种顺从情绪在德国蔓延,对希特勒来说,这种顺从可能是比坦克和飞机更强大的敌人?

让我们再次转回到斯宾格勒。他在分析现代军队的发展和军队心理学发展时指出:

> 1914年之前,权威没落,政党取代国家,简而言之就是进步的无政府状态在军队面前止步不前。

他描述军事荣誉、忠诚、默默服从等道德价值观,描述腓特烈大帝、拿破仑和威灵顿的精神,并将其称作"18世纪的精神,骑士的生活方式"。汤因比在1937年表达了同样的想法,他写道,从中世纪到第一次世界大战,有一个国际贵族阶层在发挥作用。①

---

① 《历史研究》,1937。参见霍珀的《外交事务研究的新方法》(Bruce C. Hopper, *A New Approach to the Study of Foreign Affairs*)。

尽管国际权威已经崩溃，但中世纪的团结、共同的行为准则、公认的荣誉标准仍然存在。即使在 19 世纪，西方社会也受到贵族原则的影响，贵族原则既适用于个人，也适用于国家。[74]但是，在第一次世界大战期间及大战之后，通过革命上台的新阶级并不在意传统和贵族的义务。

这些革命性的变化对现代军队影响巨大。在我们这个时代，应征入伍的士兵与一战前的士兵有着不同的想法。现在的士兵已经丧失那种意识，即军人是服从命令的生物。斯宾格勒曾在 1933 年预言性地提出疑问，鉴于这种事态发展，法国能否有效地进行一次针对危险敌人的全民动员。

他的结论是："未来，军队将取代政党，未来的权力形式是军队，而不是政党。"

希特勒仍在吸取惨痛的教训，即军队精神是一种无形的力量，是希姆莱的方法所不能战胜的。大规模撤换将领和建立党卫队的黑衫军团并不能阻挡这股潮流，反而适得其反。只有少数高级军官真正接受希特勒主义的意识形态，而属于这个小团队的唯一一位统治集团成员陆军元帅冯·赖歇瑙死于非自然原因。在军队较低层级的领导人中，特别是在年轻军官中，这场关于士兵灵魂的意识形态斗争更是悬而未决。当希特勒命令军队进军俄罗斯时，随着战争的深入，对希特勒直觉的可信度持怀疑态度的官兵越来越多。[75]越来越明显的是，希特勒之后将发生什么这个决定性的问题将由军队而不是党团来回答，前提是当希特勒时代的帷幕落下时德国军队还在战场上。

正是在德国内部为终极权力而进行无声且无情斗争的大背景下，豪斯霍弗主义的宏大战略演变出来。豪斯霍弗将军，甚至在慕尼黑大学任教时，就参与了党内密谋和希特勒的核心集团。

豪斯霍弗筹划并焦急地等待着其伟大战略收获的那一天。在分析他的战略前，我们必须先看看他个人的斗争以及他所代表的权力集团的斗争。德国地缘政治学是权力集团等待决定时刻的表现。他们的代表将在这一时刻发号施令，这些命令不仅旨在重塑德国的疆域，也旨在重塑世界的疆域。

第四章　地缘政治学的先驱

> "我们今天在大陆上思考。"斯宾格勒写道。
>
> "当今的世界太小了！我们必须拥有全球视野和帝国的视野。"
>
> "国家必须要么是铁砧，要么是铁锤。"
>
> ——豪斯霍弗

[76]虽然地理学是最古老的科学之一，但它也是最新的科学之一。因为直到上个世纪，地理学才开始摆脱孤立文化领域的狭隘概念。正是这种精神和空间上的孤立导致描述性地理学的产生。描述性地理学既不愿也不能扩展到政治领域，无法追溯大地与国家的关系，不会试图发现适用于整个大地及大地上的诸国家体系的法则。即使在今天，我们发现自己仍然处在政治地理学的前厅中，试图揭示大地和国家的客观规则。政治地理学的特点仍然是民族偏见、一厢情愿的想法和拒绝看到邻国后院出现不受欢迎的现实。距离仍然阻碍人们认识到，世界在地理上和政治上都是一个封闭的单元。

[77]还有另一个因素需要考虑。在过去的一百年里，绝大多数历史和政治专业的学生只能阅读英语、法语和德语资料，也许还能读一些西班牙语和葡萄牙语资料。这使得他们的研究仅限于用这五种语言写成的作品。直到最近，我们才意识到把全

世界纳入政治地理体系的必要性,并开始相信,孤立的思想不仅不科学,而且从政治角度来看也危险。直到第二次世界大战的第三个年头,我们才意识到,陈旧的政治地理思维方式导致我们高估最熟悉的民族和地理区域的重要性,这几乎是致命的。政治家和学者都没有注意少数先知的警告。他们指出,大地上遥远的地区在不远的将来会成为世界冲突的摇篮。我们喜欢把自己这一小块地方当作世界活动的中心。

这种思维方式植根于几个世纪的历史和文化传统,最好的例证就是关于东方和西方世界的概念。这个概念虽然模糊、(在许多方面)造作,但曾支配着并仍然支配着我们的政治思想。另一种造作的政治和地理分类对这个时代的国际政治产生了更大的影响。那就是把欧洲和亚洲视为两个截然不同的大陆的概念。[78]1942 年,政治家和公众开始认识到,在我们这个时代,欧洲和亚洲之间的划分完全随心所欲,这在近代史上尚属首次。因为欧洲只是一个半岛,从欧亚大陆向西突出。当稍后讨论麦金德的地理概念时,我们将更仔细地研究欧亚大陆的广大地区。麦金德的地理概念比这个时代的任何其他世界观都更能影响新的全球哲学。对豪斯霍弗来说,这些成了他的地缘政治战略的中心。基于一种大体上与其他人的世界观相反的全球观,这一战略的思想是:我们这个封闭的世界,我们这个时代,正在发生一场扭转过去几个世纪历史进程的、新的革命运动。这个时代的世界历史运动从欧洲转移到了亚洲。

我们已经指出,在努力理解全球政治地理方面,一个主要障碍是我们无法摆脱民族偏见。从政治地理学到将其应用于实际战略(即地缘政治学)的道路由民族偏见所铺就。在试图展望20 世纪的新世界时(在这个新世界,所有的空间和领域都相互关联），我们必须牢记"地缘政治的恶魔之美"所蕴含的危险。作为民族主义工具，这种地缘政治学容易使政治地理学成为个别国家权力欲望的霸权工具。

在这一哲学中，地理学不再局限于对大地的描述。它将历史和地理融为一体，不可分割。历史成为运动中的地理学，新地理学成为"运动中的历史"。① ［79］地理学的动态是核心，从这个核心，地缘政治学开始走向全球。

豪斯霍弗的理论所依据的地理有机系统的要素是什么？尽管他承认要熟练地运用地缘政治工具，还需要业余爱好者的勇气，但豪斯霍弗的计划是基于政治地理学明确的基本原理。

我们已经强调了德国地缘政治的极权主义特征。它的最终目的是铸造武器，不是为了历史学家和地理学家的研究，而是为了用于国家行动。这使它有权自由地从许多科学领域借鉴，并将它认为对政治战略有用的所有东西都包含进来。如果意识到这些特征，我们就能理解为什么不可能揭示豪斯霍弗主义的全部根源。

这种应用政治地理学的本质，即国家区域的动态，一直为伟大的政治家和军人所理解。地缘政治学的历史有待书写，还有那些本能地从地缘政治学角度思考而创造历史的人的故事，也有待书写。如果试图描述塑造豪斯霍弗思想的所有实际的和可能的影响，我们确实需要追溯到很久以前。历史命运取决于地理环境这一观念几乎和历史本身一样古老。索罗金在《当代社会学理论》中指出，在试图撰写地理学派的历史时，难点不在于指出哪些思想家提到了地理环境的影响，而在于指出哪些思想

---

① Ratzel, *Anthropo – Geographie*, p. 27.

家没有提到地理环境的影响。[80]最后他指出：

> 在一开始研究这些理论时，人们会被它们的辉煌和独
> 创性所打动。在继续研究的过程中，人们会对它的矛盾和
> 含糊感到困惑和不解。最后，人们会迷失在这些理论的海
> 洋中，不知道其中哪些正确，哪些错误，哪些值得怀疑。①

我们的任务不是剥开谷壳，去探索那些"不太科学或更形
而上学的地理猜想、假说和概括"。因为如果想要发现德国地
缘政治学的基本原理，我们必须以观察者而不是批评者的身份
进入这个形而上学的领域。必须受到质疑的不是形而上学概括
的科学稳定性。在政治上，形而上学表面上的真理成为国家生
活中的一种力量。在学习这门课程时，我们必须只研究那些对
后来的地缘政治学思想产生影响的地理学理论。

修昔底德早就在他的著作中清楚而令人钦佩地阐明了国家
有机增长的概念。在这里，我们还发现了解地区对国家特征的
影响的初步迹象。在关于空气、水和地理位置对人的影响的研
究中，希珀克拉底（Hippocrate）提到气候对人的影响、季节变化
对个人和民族能力的影响以及人文地理学领域的许多其他观
察。对一个国家来说，是海洋地理位置还是山区地理位置更有
利，在尝试弄清楚这一问题时，柏拉图和亚里士多德都在努力解
决地缘政治问题。[81]斯特拉波（Strabo）的《地理学》是一部早
期地缘政治学的杰作。他将罗马帝国的崛起与意大利的地理特

---

① Pitirim Sorokin, *Contemporary Sociological Theories*, New York: Harper
& Brothers, 1928, p. 101.

征联系起来。① 罗马帝国的衰落和欧洲中世纪早期伴随着地理认知的衰退曲线。

接着，博丹（Jean Bodin, 1530—1596）迎来了政治地理思想史上的另一里程碑。他清楚地认识到大地与国家之间的关系，并认识到这不仅对学生重要，对政治家更为重要。博丹认为，他找到了一条认识国家性质的新道路，即把国家的特点和历史与国家的自然联系起来。大地的土壤决定着居民，塑造他们的身体和精神，决定着他们的行为和历史。在博丹看来，气候的影响似乎比其他任何影响都要强烈。作为一个成长于大发现时期的孩子，他能够拓宽和纠正希珀克拉底的概念。博丹描述了热带地区逐渐衰弱的结局，北方人在热带地区很快就会失去活力。他发现，北方人在身体上优于南方人，但由于在精神上的优越性，南方人注定是伟大帝国的缔造者。

国家依赖自然法则的观念现在已成为欧洲伟大哲学体系的内在组成部分。我们可以在霍布斯、斯宾诺莎和莱布尼茨的著作中找到它的踪迹。[82]这种观念仍然存在，被埋在图书馆里，对政治或政治战略没有任何影响。尽管有哥伦布、达伽马和麦哲伦的伟大发现，尽管瓦伦纽斯（Bernhardus Varenius）在17世纪上半叶写了第一本现代地理学专著《普通地理学》（*Geographia Generalis*），但罗马人的功利主义和实用地理学在各地盛行。地形学和旅行路线似乎一直是地理学的最终目标。

地理学的现代复兴始于18世纪大革命前的法国。孟德斯鸠（1689—1755）对当时政治舞台上的主要人物包括腓特烈大帝产生过巨大影响。他所撰写的《罗马盛衰原因论》《波斯人信

---

① Strabo vi. 4.

札》及《论法的精神》为后来的政治家、历史学家和地理学家提供了一种人文地理学观点。这与之前的描述性地理学截然不同。对他来说,研究地理学本身并不是目的。国家与其所居住的土地的关系才是至关重要的,因为它有助于揭示人类命运的一些秘密。在大多数环境的生理和心理影响中,气候的影响超过所有其他地理因素。但孟德斯鸠清楚地看到,气候对人类的影响往往复杂且间接,并对种种错综复杂的影响做了描述。在《论法的精神》第十四卷,他描述了印度和东方其他国家由于当地温暖潮湿的气候而导致的风俗、法律和宗教方面的不变性。[83]本书堪称人类地理学和心理学方面的文学杰作。

孟德斯鸠的天才使他成为现代政治地理学的先驱,然而,对气候因素的处理并不是他唯一的领域。这位法国哲学家非常清晰地预见到国家的大小、空间和距离、水平的差异等这些基本要素,着实令人惊讶。在现代政治地理学和地缘政治学的发展中,还有在地理世界观的建立中,所有这些基本要素都发挥了重要作用。大自然本身就设定了边界,从长远来看,没有任何国家能够越过这些边界而不受到惩罚。当罗马帝国的领土变得过于辽阔,军队无法守卫其城墙时,罗马帝国注定要灭亡。任何政府形式都与国家的种类和规模密切相关。孟德斯鸠将位置和地理因素视为对国家有机体结构具有重要意义和影响的因素,如土地的性质和水平的差异。他写道,在亚洲,一直存在着巨大的国家体系,而这些体系在欧洲不可能存在。其原因是,亚洲有着广袤的平原和草原,海洋和山脉天然地将其分成很多大块。另一方面,欧洲天生注定要成为规模更有限的多种国家制度的摇篮。

在过去的一个半世纪中,德国成为新的地理科学中心。[84]这门地理学具有典型的德国特色,它与大量关于人类和国家的起源以及终结的推测性假说有关,这一点确实意义重大。要揭示这门科学发展的所有因素,我们必须描述德国位于欧洲中部这一地理特征及其作为一个在东西方历史斗争中四分五裂的国家所面临的地理问题。

在德国,国家四分五裂,民族团结仅仅是一个希望和梦想。在众多思考有关国家新概念的德国人中,必须首先提及德国哲学家、诗人赫尔德(Johann Gottfried Herder)。他可能是德国新浪漫主义最具原创性的代表人物,对德国多种思想流派产生了深远的影响。歌德认为他是一位杰出的大师。德国许多极端民族主义的现代传教士都借鉴了赫尔德的观点。豪斯霍弗也经常在《地缘政治学杂志》中引用赫尔德的话。

赫尔德的第一本重要著作是 1772 年的《论语言的起源》(*Concerning the Origin of Speech*)。他于 1783 年开始撰写《人类历史哲学的概念》(*Ideas upon the Philosophy of the History of Mankind*)。这两本书为德国政治的革命性建设奠定了第一块基石。赫尔德的理念是重塑地理和政治思想。从现在起,再也不可能用智力的严格规则来衡量德国的政治思想。其基本要素是情绪和热情、启示以及刻意的模棱两可。赫尔德说,要构想历史,人们必须"摸索出一条通往一切的道路"。[85]对历史(包括政治和地理)的研究不再寻求客观真理。爱国主义不是必须克服的偏见,而是历史思想的本质。因此,历史本身就成为"最真实的爱国主义精神的工具"。

从这个角度来看,国家和民族的法律定义显得很愚蠢,人们对它们嗤之以鼻。民族是一个有机的存在,赫尔德与我们这个时代的许多人一样,例如,从斯宾格勒到德国地缘政治学派的代表都强调民族的生物性。赫尔德把民族主义说成"自然植物"。"民族动物"和"民族生理学"是其政治哲学的特征。最重要的是,他的政治哲学还有"民族精神",即"民族的灵魂"。① 但是,尽管在情感深处如此热情地屈服于民族主义和浪漫主义,我们总是能在赫尔德的作品中发现历史与自然的融合。对他来说,人类和大地是一个不可分割的整体。民族生活中的重大事件只能用大地上永恒的事物来进行解释,如土壤、空间和位置。尽管笼罩着一层神秘色彩,但赫尔德的世界却成了许多追随他的政治梦想家的根基。我们可能对这一事实感到遗憾。但如果试图理解当代德国规划者的权力政治梦想,我们就必须看到这一点,因为正是这种神秘主义成为今天悲惨的现实。

另一些人则继续深化赫尔德根植在德国人灵魂中的东西。黑格尔哲学强调世界历史的地理基础。[86]尽管他的国家有机体理论太过学术化,无法在更广泛的德国人圈子中普及,但有更多的流行观念吸引着浪漫理想主义的民族精神。"狂飙突进运动"(Storm and Stress)时代的精神、看待民族的部落视野,以及对任何不符合新民族精神思想体系的完全蔑视、对民族光荣事业歇斯底里的热情和狂热的奉献精神,所有这一切在一代又一代德国人心目中赢得了一席之地。1807 年冬天,在普鲁士衰落的最黑暗时刻,费希特(Johann Gottlieb Fichte)向柏林大学的学生发表了著名的《对德意志民族的演讲》,时代精神在此时达到了顶峰。在这种情况下,男孩们只有报仇雪恨,将俄国人视作亲兄弟,终结拿破仑统治世界的愿望。他们接受关于民族团结

---

① R. D'O. Butler, *The Roots of National Socialism*, Faber & Faber, 1942, pp. 24 – 25.

和民族荣耀的奥秘,这些已经超出智力理解的范围,即德国人是最原始的民族(土著人民)。因此,他们有权自称"民族",而其他人无权自称"民族"。德意志民族是优等民族的概念被深植在欧洲心脏地带人们的灵魂之中。从那时起,德国人的思想与神圣的德国土地融为一体,德国的民族荣耀和民族事业被神化。这使得德国人的性格发生决定性的转变,甚至在人们的脑海中留下烙印。[87]他们为了揭开大地与国家之间的秘密所做的努力,注定会导致他们走上一条充满德国民族浪漫主义偏见的道路,这一点他们自己却毫无察觉。

正如第一次世界大战期间一样,英美世界对这种奇怪的部落思维噩梦感到困惑,甚至常常感到恐惧。在我们这个时代,他们再次试图寻找其根源。试图揭示国家社会主义起源的书籍和文章不计其数。人们在 1917 年选择将尼采和特赖奇克(Heinrich von Treitschke)作为德国人民的主要唆使者,今天则更加着迷于瓦格纳(Richard Wagner)、法国的种族主义先知戈宾诺(Joseph Arthur Comte de Gobineau)、英国的种族主义先知张伯伦或他们的门徒即纳粹主义的教父罗森贝格。这几乎没有多大差别。如果更重视某种类型的通俗文学,例如格瑞姆的《没有空间的人民》,我们就能更好地揭示德国现代思想的主要根源,该书赢得了德国大众的心。没有空间的人民(Volk ohne Raum)成为他们的政治口号,这个口号与生存空间的口号一样强有力,①甚至更加有力。格瑞姆的小说卖出大约五十万册,在德国只有《圣经》《我的奋斗》和罗森贝格的《20 世纪的神话》的销量可与之媲美。这本书普及了它所提出的思想,尽管

---

① Cf. A. Whitney Griswold, *The Atlantic Monthly*, 1941, pp. 319 – 321.

这些思想早就被其他人宣扬过。它比最初的概念具有更强大的精神力量。

我们试图指出一些精神力量,这些力量后来成为德国地缘政治学奠基人生命的一部分。[88]希腊和罗马对他们的大地和国家概念做出了贡献。法国精神的光辉影响了他们的思想。最后,无论他们是否意识到,他们身上都已经诞生了一种更强大的东西。它超越智力,成为一股重要的力量,这就是德国民族浪漫主义。

19 世纪在德国提出有关人文和政治地理学的革命性思想的人,如果他依然活在今天,就没有一个人会信奉希特勒主义。洪堡(1769—1859)、里特尔(Karl Ritter, 1779—1859)和拉采尔(1844—1904)是地理学这门新科学长河中最伟大的先驱。他们的目标不仅仅是描述地点和收集地形数据。他们的重要性远远超出其国家的疆域。值得注意的是,在谈到洪堡和里特尔时,法国杰出的地理学家白吕纳(Jean Brunhes)指出:

> 现在,每次尝试确定地理研究方法前,我们都必须向这两个伟大的名字致敬。

白吕纳对拉采尔的赞扬更是热情洋溢:在我们这个时代,法国和英国的人文地理学著作之所以成倍增长,在很大程度上是因为拉采尔的影响。① 这些人生活在一个与希特勒的世界毫无共同之处的世界里。他们的著作证明,他们对基督教原则有着

---

① Jean Brunhes, *Human Geography*, trans. I. C. LeCompte, Rand McNally & Company, 1920, pp. 30, 32.

根深蒂固的信仰。我们最大的错误莫过于将他们视为德国扩张和统治世界的早期倡导者。[89]然而,在表面之下一直隐藏着浮士德式的不安,一种对民族发展和荣耀的梦想,这是德国民族浪漫主义的早期幻想。如果假装只在德国看到这种民族精神,我们就是伪君子,尽管这种精神在德国有着特殊的意义。德国的政治地理学概念是德国地理学的基石。由于他们充满了那个时代的精神,一种近乎民族主义和国家神话的浪漫主义精神,他们的教义很容易被那些受到毒害及饱受战争踩躏的孩子们所扭曲。启发全世界学者的拉采尔成为德国地缘政治世界观之父,这是他的悲剧命运,因为他的全球观点(以及英国麦金德的观点)对豪斯霍弗产生了决定性的影响。

拉采尔做梦也没有想到,他那极具预言性和诗意的思想在他死后会产生什么样后果。这些思想在一个年轻的德国灵魂中点燃了熊熊火焰。这个德国人既是诗人,又始终是军人。为服务于科学和人类,这位大师写了二十四本书和一百篇专题论文。拉采尔热爱祖国,但厌恶战争。如果知道自己关于空间和人类的浪漫梦想会成为世界革命的火炬,他一定会羞愧地低下头来。

拉采尔于1904年去世,当时他是莱比锡的一名地理学教授,具有聪明的头脑。他对整整一代学生产生了巨大的影响。拉采尔最突出的特点是有大量富有启发性的想法和新的建议。[90]这些想法和建议接踵而至,如此之快,以至于它们经常是粗略的和未完成的。这给他的弟子们留下了足够的空间来完成大师的想法——只是经常以魔法师之徒的方式。

他最忠实的学生并不是德国人,而是美国女性森普尔

(Ellen Churchill Semple)。① 1911 年,森普尔写了《地理环境之影响》(*Influences of Geographic Environment*),副标题为"以拉采尔的人类地理学为基础"(On the Basis of Ratzel's System of Anthropo - Geography)。与其他许多呼吁关注地理因素的书籍一样,这本书很快就被人们遗忘。该书从一开始就局限在学术界。对美国和英国的许多地理系学生来说,森普尔小姐是他们了解拉采尔思想的唯一来源。因为事实证明,对于一个讲英语的学者来说,阅读拉采尔几百页的书实在是太难了。不幸的是,在向英美世界解释拉采尔的政治地理学原理方面,森普尔小姐不很成功。她打算用简要词汇复述拉采尔的《人类地理学》(*Anthropo - Geography*)(1882 年第一卷出版,1891 年第二卷出版)所体现的原则。但是,拉采尔对政治地理学提出新想法的书籍和论文,特别是他的《政治地理学》(*Political Geography*,1897),却并没有包括在森普尔小姐的工作中。结果是,在拉采尔的学生豪斯霍弗将拉采尔的某些政治地理学思想应用于德国战略之前,作为德国地缘政治学之父的拉采尔在英国和美国几乎无人知晓。

拉采尔教义的基础是前面提到的那些伟大的地理学家的经验。这些地理学家试图将人类的活动视为地理事实。[91]但

---

① [译注]森普尔,美国第一个女地理学家,地理环境决定论的代表人物。曾两次赴欧洲,把拉采尔的环境决定论传播到英国,加以发挥,但舍弃了拉氏的国家有机体的唯心概念。以前的历史学者认为,环境影响社会的精神层面,她对此种唯心解释提出了不同的见解,认为在地理环境影响社会历史方面,最重要的是环境对人类经济活动和社会活动的影响。她还把人当作大地表面的产物,把大地看作人类生活的控制因素,人类历史上的重大事件是特定自然环境造成的。其代表作为《地理环境的影响》。

是,作为目光敏锐的博物学家,拉采尔将其人类地理学体系建立在更可靠的科学基础上——进化论和自然科学的原则。从广泛的旅行中获得的全球视野给了他丰富的思想。拉采尔喜欢称之为"比较地理学",他的写作涉及无数的主题:普遍地理学、人种学、人类地理学。去世前不久,他正在规划一项名为"生命地理学"的新生物地理学体系。

拉采尔将自己作为自然科学家受到的全面训练应用于研究,并将人类问题(特别是政治地理学)视为自然科学和生物学的各个阶段。在他的影响下,这种生物地理学的特征成为地缘政治学的主要特征。用自然科学的方法处理政治问题,把国家生活中的所有发展都归结为不可避免的生物规则,最终成为豪斯霍弗主义主旋律的宿命论和冷酷无情。如果想了解地缘政治学作为 20 世纪世界观的意义和危险,我们就必须掌握这些基本原则。

拉采尔的《政治地理学》旨在探索支配国家与大地关系的基本原理。1902 年,该著作的第二版添加了一个新的、意义重大的书名:《政治地理学或诸国家及其贸易和战争的地理学》(*Political Geography or the Geography of the States*,*the Traffic and the War*)。[92]拉采尔认为,政治学家、社会学家和历史学家都未能把国家看作有机体,"一点人性,一点有组织的大地"。只有地理学才能打破这种观念,即拉采尔所说的,国家不过是一块更大的不动产。拉采尔的追随者,尤其是契伦,确实越来越重视大地与国家这一科学的政治内涵,使政治服从于超越好坏的生物法则。

人和人类社会依赖于他们赖以生存的土壤,这是拉采尔论点的关键所在。地理因素在国家的生活中起着决定性的作用。

人类的命运由地理规律决定。拉采尔的这种决定论被认为是其追随者发展政治体系的基石。这一政治体系教育人们接受一种宿命论的政治生活概念。人的自由不再决定人类的命运。从拉采尔的决定论到斯宾格勒的宿命论，我们可以画出一条直线，尽管拉采尔是否看到其概念中不可避免的结论还值得怀疑。斯宾格勒在《西方的没落》的结尾处使用的那些致命性措辞定义了决定论的最后阶段，这种决定论的政治后果将在我们这个时代得到实现：

> 对我们来说……命运已将我们置于这种文化中，将我们置于其发展的这一刻，即在金钱庆祝它最后胜利的那一刻，在即将成功的凯撒主义以平静而坚定的步伐逼近的时刻。我们的方向，既是自愿的又是义务的，为我们设定了狭窄的范围，[93]否则生命就不值得活下去。我们没有奔赴这一目标或那一目标的自由，只有做必做的事或什么也不做的自由。历史必然性安排好的任务将要由个人来完成，或与他作对(或者非其所愿地完成)。
>
> 愿意的人，命运领着走；不愿意的人，命运拖着走。①

命运领着心甘情愿的人，拖着不情愿的人。如果想象来自大地的这些命运的黑暗力量，我们就会看到幻灭时代地缘政治的终极信条。

拉采尔政治地理学的一个主要目的就是创造"地理意识"。

---

① Oswald Spengler, *The Decline of The West : Perspectives of World – History*, trans. by Charles Francis Atkinson, London : George Allen & Unwin Ltd. , 1928, p. 507.

如果一个国家要生存要强大,其民众骨子里就应该拥有这种意识。拉采尔指出,真正的政治家从不缺乏这种地理意识。这甚至是整个国家的特点。它隐藏在"扩张的欲望""殖民的礼物""天生的统治者本能"等口号之下。即使只是简单地谈论一种健全的政治本能,这也往往意味着决定政治权力的地理因素所存在的本能和局限性。① 拉采尔坚信培养这种"地理意识"的可能性。他认为这种教育是使群众具有政治头脑这一重要任务的重要组成部分。国家有机体与地理因素联系在一起。如果我们意识到黑格尔哲学对德国每位政治作家的影响,如果我们还记得拉采尔是生活在俾斯麦时代,那么拉采尔在著作中经常提起国家的意义则不言而喻。[94]在俾斯麦时代,国家观念、国家理由在德国迅猛发展。

尽管拉采尔一直试图避免滥用地理学来解释历史种种表现的错误,但他的决定论使得他日益认识到,地理因素从多方面控制着人类。人类的一切活动,特别是人类群体、民族和国家的活动,都必须以其真正根植于大地表面的"基础"为背景来看待。因此,我们必须明白人类在自然规律恒久规定的自然范围内劳动。我们要了解人类的活动,就必须将其与所占据的大地上的特定位置联系起来。最后,我们必须始终意识到空间法则(Raum)。人类需要生存和成长的空间。如果缺乏空间,他们就注定要灭亡,无论是个人还是集体。国家所占有的空间,或一个民族未来可能占有的空间,是支配人类活动、国家在生存斗争中的兴衰以及人类自身命运的最高统治者。在国家的生活中,人类与空间的关系最终表现在战争中,因为国家为了赢得空间而

---

① Cf. O. Maull, *Journal of Geopolitics*, 1929, p. 614.

相互争斗。

对拉采尔而言,这种对空间和更多空间的渴望是一个生物学事实的必然结果,即国家本身就是一个生命有机体。缺乏空间,缺乏领土,就意味着缺乏政治体的器官。如果一个国家缺少重要的器官,它自然会设法去获取。另一方面,如果国家被剥夺这些器官,失去重要的领土,它就必须竭尽全力收复失去的省份。否则,它必须接受权力的丧失和自身的衰落。[95]因为在国家生活中,从敌人手中夺回领土并不总是可能的。国家往往会转向抵抗最小的方向,攻击较弱的邻国。

空间是政治体赖以生存的元素,受自然法则的驱使。它不断生长和发展,成为国家自身生命有机体不可分割的一部分。空间就是 Lebensraum,即"生存空间"。在拉采尔最初的定义中,有一个简单的生物学概念,即生存空间的概念。它披上神秘主义的外衣后成为我们这个时代最强大的政治理念之一。自拉采尔时代以来,生存空间的概念在德国以雪崩般的速度和力量发展成为德国人民的一种民族痴迷,强大到足以颠覆当今世界的平衡。它的势力稳步增长,因为生存空间的概念强大到足以团结一个民族。它凌驾于一切阶级利益和冲突之上。它甚至比纳粹主义的信仰还要强大。无论大街上的行人还是小学里的孩子,他们都本能地知道生存空间关系到他们的国家、民族和自身的生存。因此,数百万人认为,为生存空间而战是一种道德上的需要。这是一个值得为之生、为之死的理想。如果回忆一下"天命"概念、马汉的海权概念、"民主"概念在世界这一边的吸引力,我们就可以想象"生存空间"这一流行语对德国普通大众的影响力。

[96]生存空间的历史并非发轫于拉采尔的著作。前面我

们提到过赫尔德和费希特,他们不过是在德国人灵魂中播下这颗种子的众多梦想家和诗人中的两位。如果试图描绘这个即将成为横扫中欧的决堤洪水的概念的起源,我们就必须加上许多其他的名字,特别是历史学家特赖奇克。他的演讲对德国产生了巨大影响。我们必须对影响这一小群人的力量大书特书,这一小群人为德国地缘政治"科学"奠定了基础。我们关注拉采尔是因为他关于空间、距离和位置及其与国家关系的看法是后来所有地缘政治概念的基础。

仅仅认识到拉采尔把人类群体看作在一定的自然边界内活动是不够的,位置、地方大小、海拔差异以及最重要的空间(作为神秘的有机体,生存空间),都是人类命运的决定因素。拉采尔的观念基本上是从这样一个事实演变而来的:所有这些地理价值都只能部分地被人类控制并服从于人类的目的。大地现实状况的重要性在于,无论人类在哪里遇到它们,它们都是征服者,并威胁着要奴役人类。

地理因素的伟大性和成长性是拉采尔地理和政治思想概念的两个基本要素。他的地缘政治学是全球性的。[97]拉采尔在德意志文化和德意志邦国的环境中接受训练和教育。在那个时代,这些邦国以暴力和胜利的方式成长和扩张,他没有被所处的孤立环境所限制。在其政治地理学权威著作中,拉采尔的首部奠基性作品是《北美合众国》(*The United States of North America*)。这本书出版于 1878 至 1880 年,是拉采尔在美国的研究成果,字里行间揭示了这片广阔土地给他留下的深刻印象。拉采尔禁不住将其与中欧的狭小空间不断进行比较。几个世纪以来,狭小空间一直是中欧的命运和悲剧。在美国,他看到的几乎是理想条件下的大地与国家的关系:高度孤立的空间为政治行动提供足够的活动空间;在空间和人口方面对邻国具有绝对优势;人民的民族意志和精神充满活力。因此,人文和地理因素最有利的合作稳定了美国国家权力的基础,确立了美国在美洲"大家庭"中的霸权地位。

此类观察在地球的这一边本来是不证自明的。但是,这些观察以其简单明了对拉采尔产生了革命性的影响。他要把美国的大空间因素转化并转移到欧洲小岛。拉采尔自己的国家在历史上变故多发,第一次完成政治统一。能否把欧洲的中心地带引向类似的大空间环境,打破那些扼杀自己国家、本国人民生命的小空间界限的枷锁?[98]这是拉采尔和他后来的弟子们的梦想,而豪斯霍弗则是最大胆的梦想家。

拉采尔对美国的迷恋和钦佩,使他以一种被许多批评者斥为"不科学"的方式看待空间在国家生活中扮演的重要角色。对于拉采尔推崇大空间在历史上的作用,法国地理学家提出了最有力的反对意见,这并不奇怪。① 法国和德国的地缘政治学围绕国家命运中的空间和人性所进行的学术争论揭示出法国和德国过去一百年中的悲剧性冲突以及法国今天的屈辱。

在谈到美国的广阔空间对德国地缘政治学之父的深远影响时,我们应该提到另一位德国人李斯特(Friedrich List)。他于1825 年来到美国,也将美国的广阔空间与自己的祖国相比较。他后来在德国关税同盟(Zollverein)的建立中发挥了主导作用。李斯特的《政治经济学的国民体系》(*The National System of Political Economy*)(1841 年)一书对当时四分五裂、争吵不休的德意志各邦国的经济思想产生了巨大影响。他的建议成为俾斯麦

---

① Especially C. Vallaux, *Geographic sociale*, pp. 145 ff.

政治统一工作的经济基础,其中最出色的建议是德国通过保护性关税和航海法建立世界贸易和工业。李斯特在美国曾成功投资铁路,对国家治理的交通系统在国家有机体中扮演的角色尤为印象深刻。[99]他宣称:

> 一个人如果控制了一个国家的交通手段,如果正义和理性都站在他这一边,他就能掌控土地本身。

这一格言成为俾斯麦时期德国内部政治的根本原则。但对经济因素的强调使得李斯特对那些为豪斯霍弗主义铺平道路的人的影响微不足道。这些人沉迷于政治地理事务,以至于在后来的德国地缘政治的权力政治计划中,我们几乎找不到李斯特地缘政治思想的痕迹。

"美国世界观"融合了拉采尔和李斯特的观点,使拉采尔把政治解释为空间和距离、规模、位置和疆域的一个要素。在所有这些地理因素方面,无论谈及各种形式的地表和土壤,比如它的植被、水资源,还是考虑某一特定领土(这通常是德国领土)与地表其他部分的命运关系,拉采尔总是以从巨人国返回的格列佛的眼光来看待这些问题。

拉采尔的观念演进成了自然法则。1896 年,他写了一篇文章《国家空间增长规律》(*About the Laws of the Spacial Growth of the States*)。在这篇文章中,拉采尔比以前更系统地表达了对空间增长规律的看法。这成为他对应用政治地理学这门新"科学"的观察基础。瑞典政治学家契伦对这一"法则"做了进一步的定义和更明确的表述。这一"法则"吸引了豪斯霍弗,令其着迷并决定了他的发展方向。

[100]在工业革命的力量助长了邪恶的民族主义学说的新

世界里,在"天命论"正在流行的美国,这位研究政治地理的德国自然科学家试图定义国家增长和扩张的自然法则。他认为,国家的空间随着文化的发展而增长。国家的增长通过合并及吞并较小政治单元而实现。边疆是国家的"外围器官",因此是生长和力量的证据。在其成长和扩张过程中,国家有机体努力获取并为其器官增加政治上最有价值的领土:海岸线、江河流域、平原以及植物和矿产资源丰富的地区。对原始国家来说,领土扩张的第一个冲动来自外部,来自一个更加发达的文明。领土增长的总趋势是有传染性的,一个国家将其传染给另一个国家。① 这样的基本准则必须成为一个国家全体成员的本能。正是这个假设赋予拉采尔的作品以政治意义。因为所有这些"法则"都不是以学术的方式向读者做出解释,而是以培养德国人民的"地理意识"为目的。他坚持认为:

> 每个人都必须接受从小空间观念到大空间观念的教育。为了防止人们重新陷入旧的小空间概念,这个过程必须反复重复。每个国家的衰落都是空间观念衰退的结果。②

这是成长空间的法则,它将点燃拉采尔弟子们灵魂中的火焰,使[101]"法则"成为一种政治信条,并从此成为所有地缘政

---

① Johannes Mattern, "From Geopolitik to Political Relativism", in *Essays in Political Science in Honor of Westel Woodbury Willoughby*, Baltimore: Johns Hopkins Press, 1937, pp. 125 – 172.

② F. Ratzel, "Studien über politische Räume" (Studies about Political Spaces), *Geographische Zeitschrift*, 1. Jahrg. , 3. /4. , 1895, p. 175.

治思考和规划的基础。空间——大空间——是国家有机体一切政治活动的生命要素。谈到空间增长规则时,豪斯霍弗以一种近乎宗教般的敬畏之情使用这个词。他引用契伦的话,用德国地缘政治信徒特有的模糊语言对其进行定义:

> 每一块陆地、每一片海洋都必须始终被看作一个空间。在它生效之前,人们必须了解它,在它里面居住,并在政治上对它进行归类……这种发展首先影响较小的空间,然后发展到较大的空间……我们现在看到,越来越大的政治空间是从争夺空间的斗争演变而来的……(国家之间)的交流就是这种争夺空间的斗争,胜利者的奖品就是被征服的空间。

所有这些都是在工业革命时代形成的新全球观的体现。革命的时代需要一种充满活力的、永不停息的地理学观念。我们可以在拉采尔的作品中随处看到这些成为豪斯霍弗主要特征的地理学动态。早在他 1882 年出版的《人类地理学》(*Anthropogeography*)一书中,我们已经发现其基本思想的轮廓,该书的副标题为"地理学在历史上的应用要素"。他在书中讨论了时间和空间的问题。拉采尔认为,无休止的运动是人类精神的一个特征。这种运动应以空间和时间的维度来衡量。人类的精神始终是空间和时间的俘虏,即使它有可能减小它们的影响。[102]这同样适用于人类群体,他们生活在无穷无尽的运动中,如同历史一样,在空间中实现自己并找到自己的极限。就像人类的运动能力一样,人类在试图填补空间时发现自己的界限。①

---

① 　F. Ratzel, *Anthropo - Geography* , 1882 , p. 157.

拉采尔并不认为空间因素是无组织的。它们总是被视为与人类不断增长和扩张的力量联系在一起，从而成为生命有机体的一部分。在他那个时代，这种生物学观点并不引人注目，因为当时没有人能够完全摆脱达尔文的影响。但是，当今天审视政治地理学的自然科学家对世界各地政治思维的塑造以及对政治战略家行动的影响时，我们很容易忘记这种思维的生物学基础。达尔文的影响在拉采尔的思想中清晰可见。1901 年，他写了一篇题为"生存空间：生物地理学研究"（Living space, a Bio - Geographical Study）的文章。拉采尔在文中把达尔文主义翻译成其人文地理学的语言：为生存而斗争实际上就是为空间而斗争，因为大地表面是有限的。在这样的斗争中，人与低等动物并无区别。一个民族之所以能证明自己比邻居"优越"，是因为他们有能力入侵弱者的领土，用他们自己"优越"的文化成果取代弱者的文明。

那些认为大地上的诸空间与人类社会生活有直接关系的人必须意识到，如果一个人被巨大的规模灼瞎了双眼，那么就会不可避免地造成危险。[103]如果把一个帝国的空间大小看成一种政治力量本身，那么它的空间规模往往具有欺骗性。从薛西斯到亚历山大，从腓力二世到拿破仑，凯撒们都为这种欺骗付出了代价。他们的错误导致帝国的灭亡。但这并不一定意味着帝国的消亡反映了一种自然法则。两千年来，中国一直占据着同样的空间。拉采尔认为，美国也应该能够避免那些看似预示着大帝国必然灭亡的法则发挥作用。

革命性的陆上通讯和交通工具无疑改变了陆地大国在国际政治中的角色。拉采尔勾勒了这一画面，这是展望工业时代带来的根本性变化的全球视角的最重要结论。拉采尔迟疑地质疑着未来。由于他的广博全面,由于他努力远离猜测,并在自然科学的范围内活动,他对地理学家关于政治世界将要发生的事情的预测持怀疑态度。但是,如果政治地理学家可以揭示自然规律,他怎么能避免看到未来呢? 我们已经注意到,在这样的基础上,这个时代那些想要实现拉采尔预言的人有了勇气,由此激发起豪斯霍弗自己所说的地缘政治学中"业余主义的勇气",即地缘政治预测。

空间不断增长的法则使得拉采尔开始研究美国和俄罗斯这两个最大的大陆帝国的未来,这似乎很自然。在他那个时代,这两个帝国的空间还远未达到它们的最终形态。[104]他认为,这两个国家的命运无法与过去那些没落的帝国相提并论,因为新的通讯和交通工具将在扎根于大片大陆的帝国生活中发挥至关重要的作用。没有现代的通讯手段,它们就仍然是手脚被铐住的巨人。随着工业革命在其最新阶段的进展(拉采尔只看到了工业革命的开始),美国和俄罗斯极有可能作为大陆帝国崛起并保持稳定。①

在 19 世纪最后几十年的政治地理思维中,铁路、公路以及电报、电话已经成为建立一个最大的大陆有机国家体系的工具。如果没有一个有机的、统一的、大空间边界内的政治体崛起,在此基础上帝国就不可能建立,也不可能安全。这样的考虑为拉采尔学派的追随者的坚定信念铺平了道路:即将到来的帝国将是取代老迈欧洲强国的大陆帝国。

空间本身并不相互平衡,这种平衡有赖于人,即遍布于广袤大陆地区的以政治方式组织起来的元素。美国和俄罗斯代表的

---

① Cf. F. Ratzel, *Political Geography*, 3rd edition, p. 264.

大陆力量对欧洲国家的狭小空间具有巨大的优越性,以至于拉采尔不得不思考西方政治体系的衰落。他甚至问道,这样的发展是不是导致绝对无法建立一个统一的欧洲,[105]一个与俄罗斯和美国的力量相抗衡的欧洲权力体系。① 拉采尔觉得,人类历史从来没有过真正的大陆性。以前从未有人引导整个大陆的民众采取统一的政治精神,并使其作为真正的大陆强国占有一席之地。大陆历史的一个新阶段已经开始,这也许将造成所有历史的最终空间目标,即人类拥抱世界。如果有一天,我们能把北美洲看成一个在精神和行动上团结一致的历史有机体,把澳大利亚和亚洲的俄罗斯(甚至可能把南美洲)都看成伟大的大陆强国,那么,欧洲尽管有种种优势也将变得微不足道。在这种情况下,英国与欧洲的命运密不可分。在比较英国和北美的命运时,爱默生(R. W. Emerson)曾指出:

> 美国的地理环境让人觉得美国在游戏中拥有巨大的优势;是美国而不是英国,是英国种族的所在地和中心。②

拉采尔经常谨慎地赞同爱默生的这一预言。

新时代需要拉采尔所说的新"距离科学"。因为在我们这个时代,历史的趋势是建立越来越庞大的帝国,因为人类日益增长的文化成就使得人类支配空间的能力不断提高。我们所处的时代是一个大陆历史的时代。在这个时代里,支配大空间的大国将决定历史的进程。

---

① Ratzel, *Political Geography*, p. 173.
② R. W. Emerson, *English Trails*, Chapter 16.

我们在讨论拉采尔的观点时有意忽略了他概括的为新地缘政治思想奠基的许多观点。①［106］拉采尔对豪斯霍弗的影响可以追溯到一些伟大的思想：这些思想留下了永久的印记，成为我们这个时代权力政治和战略的基础。

1922 年去世的瑞典政府学教授契伦拓展了拉采尔关于国家有机体的思想，并夸大其生物学方面的内容。这使得拉采尔的最后一点人性牺牲在自然科学家的地理手术中。顺便说一句，戈宾诺（Joseph Arthur Comte de Gobineau）、张伯伦（Houston Stewart Chamberlain）②和契伦代表了自然科学家永不消亡的政治信条。这三位非德国裔的超级德国人的影响让有些人抓狂。这些人试图通过剖析德国人的"思想"或自 1917 年以来更为流行的普鲁士思想来解释我们这个时代的病态。

以下摘录自契伦最重要的著作《作为生命形式的国家》，这充分说明契伦将生物学层面推得有多远（足以让大师拉采尔从坟墓里坐起来！）：

> 国家本身就是"大地"：在某种程度上，它是"有组织的土壤"……国家作为一个有机体，其本质由法律和权力元素构成。就像大地上的每一个个体生命一样，它不仅由道德构成，而且由有机的欲望构成……［107］当我们［能够］遵循它们的历史进程，当我们在现实世界中穿行于它们中

---

①　例如，我们不谈论拉采尔那些更值得怀疑的概括，他在《政治地理学》中强烈强调，生活在大空间的民族的"乐观"人生哲学与生活在小空间中的民族的"悲观"人生哲学形成对比。

②　［译注］张伯伦是英、德哲学家，撰有政治哲学、自然科学著作。其著作宣扬德国的民族主义、反犹太主义、社会达尔文主义和科学种族主义。

间时,国家是与人类完全一样的物质理性存在……现在摆在我们面前的国家不是一种随意的、人为地加上法律概念的人类共生形式,而是一种有机现象,像人类个体一样深深地扎根于历史和事实的现实中。一言以蔽之,国家本身就是作为一种生物表现形式或生命形式而出现的。①

把国家想象成一个超级存在,这使得契伦认为政治的方方面面都要服从生物法则。国家像其他有机体一样经历出生、成长和消亡。出生、洗礼(!)、死亡、复活和转世是国家进程中的里程碑。对于一个没有给人性和人类自由留有任何空间的概念来说,地缘政治学除了是一门通过扩张来实现政治体增长的科学之外,还能是什么呢?而扩张意味着在盲目的、由大地决定的权力欲望指导下进行征服。这些国家有机体就像“超级个体生物”②一样,为了生存和扩张而不断地相互斗争。它们和人类个体一样都真实存在。但国家的行进步伐要强大得多,拥有历史的伟大。在这个世界上,争夺更多空间和权力的斗争不会以和平而告终。因为在这个权力政治和政治生物学的世界里,“和平”这个词已经被契伦之类的自然科学家抹去。这些自然科学家对自己的想象力感到骄傲。

我们不打算详细讨论契伦的政治体系的方法,地缘政治只是契伦的综合政治体系的五个政治学领域之一。③[108]契伦的泛日耳曼式梦想(即在德国的指导下建立一个从挪威北端到

①　Rudolf Kjellén, *The State as Living Form*, Berlin, 1924, p. 203.

②　Rudolf Kjellén, *The State as Living Form*, Berlin, 1924, pp. 34,35.

③　[译注]另外四个领域是人口政治学、经济政治学、社会政治学和权力政治学。

巴格达的"中欧")使他成为鲁登道夫(Ludendorff)将军和第一次世界大战其他扩张主义者的宠儿。豪斯霍弗本人及其弟子更加直言不讳地称赞契伦。尽管如此,在形成豪斯霍弗的世界观和战略的人中,契伦所起的作用与拉采尔相比则显得微不足道。豪斯霍弗喜欢走一条黑暗而神秘的诗之路,虽然他仍然是一位将军。军旅背景是阻止豪斯霍弗远离战略现实的安全阀。契伦的世界不是豪斯霍弗的世界。如果我们希望探讨德国地缘政治战略的基本原理,我们最好总是回到大师拉采尔教给学生的几个主题(leitmotivs)上来。

基于空间增长规则的大陆观是豪斯霍弗想象力的源泉。1924年,《地缘政治学杂志》发表的第一篇文章的标题是"空间增长的法则"(The Law of the Growing Spaces)。[①] 它所表达的大部分观点至今未变,并形成了那些将其转化为实际军事战略的人的政治地理学概念:空间增长规律攻击人与空间的所有关系。扩张性力量在外国空间的推进、海洋大国的崛起、美国进入世界强国之列,所有这些最新进展使我们把地球看作一个封闭的单元。所有这些难道不是这一有关生长、扩张和增长法则的表现吗?[109]正是空间产生了国家的权力,从而决定了人类的命运。揭示政治权力与空间之间的关系以及空间之间的动态关系——这确实是年轻的地缘政治科学所要征服的世界。

空间增长法则教导的全球观使弟子们认识到,把世界看作一个封闭的单元并不意味着地理条件的统一。恰恰相反,世界在大陆与海洋、各气候带、沙漠与宜居地区之间的结构和划分,创造了如此众多的生活条件,我们不妨把地缘政治学说成是处

---

① 　F. Hesse, *Journal of Geopolitics*, 1924, p. 1ff.

理空间动态所造成的多样性和不平等性的科学。这些影响多种多样，各不相同，因为不仅地理条件不同，人类与其所居住的土地的关系也不同。人类社会在对土地的亲和力方面存在差异。人与其空间环境之间的共生关系越年轻、越不亲密，这种关系的力量就越弱小无力。另一方面，政治体与土地的关系越深厚，共生关系越古老，演化出的力量就越强大。只有那些在空间与填充空间的人类元素之间形成自然单元的国家组织才具有超越其自身边界进行扩张的力量。

相互争斗的权力在其空间内发生冲突的形式多种多样，而空间增长规律在其所有的分支中变得明显。对空间的征服可能是对空白空间的入侵，[110]也可能是对机体已被人类塑造和开发的地区的入侵。在这里，侵略者和防御者之间的冲突将判定被攻击区域的人与土地之间的联盟有多强大。只有那些深深扎根于母体土地的国家有机体，才能在追求与生俱来的权力欲望的过程中抵抗不断扩张的邻国的猛攻。在根基薄弱的地方，征服者将迫使受害者让路，使其沿着阻力最小的路径迁移到其他地方。

地缘政治"科学"冷静地观察生物"法则"在生存斗争中的表现。这种"科学"不可避免地会犯这样的错误，即把那些仅仅在解释原始人类的最初阶段时有效的原则应用于一个高度发达和相互关联的人类社会。拉采尔及其弟子们过分强调空间的动态性。过分强调空间动态性是这一学派的特点。它评估一个帝国，首要的是评估其地理规模和质量。这导致了对心理因素的忽视，而心理因素是政治体获得力量和国家建设理念的基础。国家和帝国的理念受空间制约，但不由空间决定。拉采尔本人并没有忽视这些心理因素。这些心理因素带来政治体与其空间基础之间坚固而稳定的共生关系,从而产生并保存了权力。将政治体锚定在土地深处既意味着稳定,也意味着限制。现代交通和通讯方式可以轻松地覆盖全球,[111]但是国家的扩张在地球的大陆结构中却遇到了天然的、不可逾越的障碍。人类对权力和征服的渴望可能会驱使人类走向全新的、陌生的领域。但在这些陌生的环境中,征服国将找不到根基,只能靠奴役当地人而生存。只有在空间的增长与牢牢扎根于土地上的有政治组织的人口的增长并行的情况下,几个世纪以来的世界历史性行动才会发生。

乍一看,这样的观点似乎过于理论化,无法产生实际的地缘政治后果。实际上,正是这种以拉采尔的思想为基础的理论架构构成了豪斯霍弗世界历史观的基础。豪斯霍弗的地缘政治预言和计划都建立在这些基础上。在过去的几十年里,地球不断成为人的居所和人口的惊人增长导致这样的结论:人类正在告别这样的时代,即世界由扎根于狭小空间并主宰大片地区的权力系统统治。新帝国的发展趋势是拥有更广阔的领域,人类与土地紧密相连,但却没有老殖民帝国所特有的巨大疆域和"势力范围"。

这的确是一个强有力的主题,德国地缘政治学将其作为欧洲大陆大国政治家的指南以开始其活动。以政治地理学的自然科学理论为基础,并将其应用于20世纪政治预言家所认为的空间增长规律,[112]豪斯霍弗领导下的地缘政治学担负起了一项任务。豪斯霍弗本人在他的一本书的结尾处写道:"让我们教育我们的主人!"①这句话在德语课本中以英文出现:"让我们教育我

---

① K. Haushofer and others, *Building Stones of Geopolitics*, Berlin, 1928.

们的主人！——英国人如是说。"这正说明豪斯霍弗主义的真正目的。德国主人的使命是管理欧洲大陆中心地带人民的命运,教育德国主人意味着培养新一代大陆政治家,从英国政治家手中接过他们在过去曾熟练完成但在未来不再适合去完成的任务。

　　在德国境外甚至在德国境内,很少有人察觉到这种应用政治地理学概念的胆大妄为。全球视野和空间增长法则的表现使梦想着复活并扩张其战败祖国的豪斯霍弗产生了一个想法。他认为,德国所处的地理位置可能会使这个饱受屈辱的国家重新成为世界政治的领导者。大陆强国崛起的时机已经成熟,德国将发挥主导作用。只要德国人民,更重要的是,德国领导人能看到墙上的字。由此,豪斯霍弗开始了他的马基雅维利式任务:"让我们教育我们的主人!"随着希特勒的崛起,这项任务变得越来越困难,甚至令人绝望。[113]如果将豪斯霍弗关于即将到来的大陆强国时代的梦想与其逻辑上的对应物(即老化的海权殖民帝国的末日)进行对比,我们就可以看到它的全部效果。正如我们之前所看到的,豪斯霍弗喜欢用简单的比喻来加强他的基础理论,以便把它们灌输到其弟子的头脑中。他经常引用杜尔哥(Turgot)生动的比喻:"殖民地这一果实,只在树上待到成熟。"拿破仑也是这个意思:"当孩子们长大后,他们会自己建立家业。"

　　因此,与豪斯霍弗的大陆观相对应的是"大英帝国的兴衰",豪斯霍弗的大陆观源自空间增长规律。空间增长法则如果像豪斯霍弗看待的那样,是复仇女神对那些敢于超越自然界限者缓慢(但极其微小)的惩罚,那么对于那些不能用祖国的生命来填满被征服的空间并使之成为国家有机体永久组成部分的帝国来说,灭亡的时刻似乎已经到来。正如拉采尔所预见的那样,正如斯宾格勒在谈到未来俄罗斯的精神时所悲观描述的那样,在讲述即将成为大陆强国的新帝国崛起的故事时,豪斯霍弗也遵循了他们的思路。

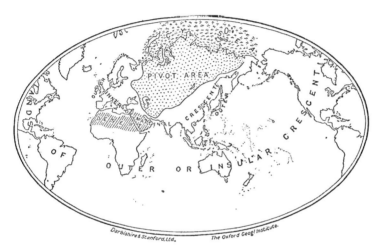

图 1:力量的天然位置

审图号:GS(2024)0784 号

枢纽地区——全部是陆地。外部的新月形地区——全部是海洋。内部的新月形地区——部分是陆地,部分是海洋。

第五章　麦金德和心脏地带

> 当我们的政治家在和战败的敌人谈判时,应该有一些活泼的小天使不断地在他们耳边低声说:"谁控制了东欧,谁就统治了心脏地带;谁控制了心脏地带,谁就统治了世界岛;谁控制了世界岛,谁就统治了世界。"①
>
> ——麦金德

[115]这段话的作者并没有意识到,"活泼的小天使"的低语不会被盟国的政治家听到,但会被一个德国人听到并铭记于心。实际上,只有豪斯霍弗领悟了麦金德思想的革命性。他从拉采尔那里学到的经验为其地缘政治世界观奠定了基础。现在,在一位英国地理学家的著作中,豪斯霍弗找到了将拉采尔的学说转化为地缘政治战略所需要的视角。因为俄罗斯的形象又出现了,不祥而阴沉,其巨大的轮廓在雾中几乎无法辨认。第一次接触到麦金德时,豪斯霍弗立刻意识到他找到了他的第二位大师。

豪斯霍弗多次提到麦金德。[116]他坦率地承认,他很感谢这位英国人。例如,在 1937 年,豪斯霍弗指出,他自己关于统

① Harold Mackinder, *Democratic Ideals and Reality: A Study in the Politics of Reconstruction*, London, 1919.

治空间权力的概念要归功于"麦金德在《历史的地理枢纽》这本书中最伟大的地理学世界观"。通常在赞美别人时非常保守的豪斯霍弗感叹道:"我从未见过比这几页地缘政治杰作更伟大的东西!"①

但这是一种悲剧性的影响,因为它不是豪斯霍弗在麦金德的指导下激情研究的结果。对豪斯霍弗来说,麦金德过去是敌人,现在也是。谈到麦金德时,豪斯霍弗想起了他非常喜欢引用的一句古老格言:"敌人是最好的老师。"在 1925 年的一篇评论中,豪斯霍弗对麦金德的民主理想提出警告:"这本书不应该被翻译成德语,除非德国人民面对如此可恨的敌人时愿意失去所有的自尊。"②这很好地诠释了他的这一感受。

豪斯霍弗并不认识拉采尔本人。他从拉采尔那里学到的东西都来自其著作。豪斯霍弗依稀记得在他孩提时,拉采尔曾拜访他的父亲,他得以与这位大师谋面。但是拉采尔的热情和人性并没有在文字中得到充分的表达,因而不足以影响豪斯霍弗的思想和性格。豪斯霍弗与第二位大师的关系也类似,甚至更具决定性。两个人素未谋面。他们生活在两个不同的世界,毫无关联,诸多偏见加深了他们之间的鸿沟。[117]在那些年里,豪斯霍弗在麦金德为他准备的基础上制定了自己的战略,他给予麦金德应得的一切荣誉。但这位英国大师却丝毫没有想到他的种子已经在敌人的土地上成熟。这两个人,早在我们其他人觉醒过来,看到他们的梦想已成为我们今天的现实之前,就已经从全球和大陆的角度思考问题了。他们发现英吉利海峡是一道

---

① K. Haushofer, *Space – Conquering Powers*, 1937, p. 76.

② *Journal of Geopolitics*, 1925, p. 454.

不可逾越的屏障,民族偏见的迷雾笼罩着它。麦金德和豪斯霍弗的故事是一部悲剧,写于两次世界大战之间黑暗的日子里。

在谈到自己时,豪斯霍弗指出,他对系统地描述地理现象这种典型形式的政治并不感兴趣,他更感兴趣的是得出实际的结论。这些结论将为政治家——当然是德国政治家——的大战略提供指南。麦金德分析了当今和未来的世界形势,而这正是豪斯霍弗试图用他从拉采尔和其他人那里继承来的工具为德国战略而做的事。豪斯霍弗很钦佩这位英国人,因为结果证明麦金德是豪斯霍弗认为的地缘政治和政治预测这一皇家艺术领域的大师。豪斯霍弗指出,早在 1904 年,麦金德就能够在一个伟大的全球概念的基础上,预测和分析 1914 年至 1924 年之间实际发生的事情:

> 为什么主要的政治家没有看到这位地理学家在 1904 年看到并预言的事情? ……地理无知的代价是巨大的。

对于研究豪斯霍弗地缘政治学的学生来说,了解麦金德的基本思想至关重要。[118]它们是对拉采尔观点的补充,毕竟拉采尔的观点并不直接适用于国际政治和战略的实际问题。这两个人为豪斯霍弗提供了系统的基础,但出于多种原因,他故意忽视这些基础,主要是因为他深信自己作为政治家和战略家的使命。麦金德的地缘政治学很重要,因为它是英国人的地缘政治学。因此,它显示出豪斯霍弗主义的国际基础。它由这位德国的将军教授进行整合并被德国的战争战略所采用,成为现代德国世界观的一部分。

麦金德对德国地缘政治学的影响足以证明豪斯霍弗世界观中所特有的"大陆块"及其"大陆力量"的概念远远超出德国关

于征服和世界强国的梦想。他们教授的课程是那位英国大师所希望的,是活泼的天使在伦敦、巴黎和华盛顿的政治家们耳边的低语,而不是在慕尼黑精明的听众耳边的低语。

麦金德爵士是英国科学和政治的杰出代表。他曾经是牛津大学的地理学讲师,在伦敦大学担任了二十五年的地理学教授(直到1925年),是伦敦政治经济和政治学院的前院长。麦金德还是皇家地理学会的副会长,并多年担任国会议员,他的声音值得受到国内外倾听。他并不是唯一一个在荒野中徒劳呼喊的人。

[119]1904年1月25日,日俄战争前夕,麦金德在英国皇家地理学会宣读题为《历史的地理枢纽》的论文。正如我们所看到的,这篇论文在几十年后产生了惊人的影响。当时,人们并不方便查阅1904年皇家地理学会的记录来了解全球观点和大战略计划。在1919年出版的《民主的理想与现实》(*Democratic ideal and Reality*)一书中,麦金德概述了一种世界政治计划。与1904年的计划相比,其地理观基本没有变化。这两部作品(一篇简短的论文和一部书)包含了豪斯霍弗及其弟子的世界观所采用的所有大胆的想法。其主要内容至今仍不失其光辉。我们打算用麦金德自己的话来复述其中的部分内容,并尽量少做评论,以供那些无法翻阅1904年《皇家地理年鉴》的人参考。对于试图征服自己的世界历史观而不被自己时代的喧嚣所震慑的人来说,距离和时间是有益的盟友。讲述我们应该聆听的故事的,并不总是昨天和今天的畅销书。

在《历史的地理枢纽》的开篇,麦金德指出:

> 遥远的未来的历史学家回顾我们目前正在经历的这些世纪,并像我们现在研究埃及历代王朝那样把它们缩短来

看时,他们很可能会把最近的这四百年描述为哥伦布时代,并说这个时代在 1900 年以后很快就结束了。①

[120]因此,在他的开场白中,这位牛津大学地理学高级讲师透露,他正在尝试对整个世界进行新的把握和洞察。事实上,在一个普遍认为地理探险即将结束的时代,地理学本身已经改变了方向,转而用于哲学综合的目的。在麦金德称之为哥伦布时代的四百年探索和扩张中,世界地图的轮廓实际上已经完成。人们再次发现自己置身于一个封闭的政治体系的藩篱之中,而这个政治体系将是一个世界性的体系。根据历史的周期性运动,后哥伦布时代可以与哥伦布时代之前的时代相比较,其特点是:欧洲几乎是在没有抵抗的情况下进行扩张,而中世纪的基督教世界则被压制在一个狭窄的区域内,并受到外部野蛮世界的威胁。在这个时代,我们不得不再次面对一个封闭的政治体系,而这一次是世界范围的。这一事实的意义在于,社会力量的每一次爆发都会产生全球性的影响。

> 社会力量的每一次爆发都不会消散在周围未知的空间和野蛮的混乱中,而是会在地球的另一端产生强烈的反响,世界政治和经济有机体中的薄弱环节将因此而被粉碎。一枚炮弹落到土木工事中与落到高楼或船只等封闭空间和坚固建筑物中,其影响有巨大差别。②

---

① [译注]麦金德,《历史的地理枢纽》,林尔蔚、陈江译,北京:商务印书馆,2009,页49。译文有改动。

② [译注]麦金德,《历史的地理枢纽》,林尔蔚、陈江译,北京:商务印书馆,2009,页50。

　　这些全球性的反响自然会影响到更广泛的地理概论和更广泛的历史概论之间的相互关系。[121]如果没有这种关联,我们就不能根据长远的构想来规划一项大战略。如果通过感知世界舞台上各种特征和事件的真正比例,我们就可以寻求一种能表明世界历史中地理因果关系的公式。这样,我们将建立一个基础,从中可以清楚地观察当前国际政治中各种竞争力量的运作情况。麦金德承担的任务是描述那些他认为对人类行动最具强制性的物理特征。他通过展示人类历史作为世界有机体生命的一部分来做到这一点。但麦金德从一开始就明确表示,他不希望踏上极端唯物主义的歧途。"起主动作用的是人类而不是自然。"虽然自然界在很大程度上确实制约着人的行为,但在麦金德的观念中,这并不意味着自然决定了人的活动。

　　我们已经看到,地理唯物主义和决定论的未解问题是如何深刻地影响和困扰着地缘政治学的规划者。豪斯霍弗那25%的地理决定论和75%的"英雄主义"的算术只是一种天真的尝试,是为了逃避这种唯物主义的影响。在没有看清后果的情况下,豪斯霍弗径直走上了一条从德国浪漫主义的爆发到德国优等民族走向征服世界这一假想的道路。在这样一个世界里,人类毫无自由空间,就连现代的凯撒也受到斯宾格勒式的邪恶的大地和空间法则的无情驱使。[122]我们稍后会看到,正是这个由优等民族征服世界的最终目标将豪斯霍弗的生存哲学与麦金德的生存哲学区分开来。然而,归根结底,决定性的差异似乎在于一些公式和定义所无法捕捉的东西。两个人的性格难以精确估量,他们的思想深深植根于两国的文化与传统之中,他们的精神世界相距十万八千里。我们应该牢记这项无法估量的工作。因为这使得豪斯霍弗本能地改变了麦金德的观点,并将其作为德国权力政治的要素加以利用。

豪斯霍弗深受拉采尔关于空间增长及大陆地块在未来历史阶段的作用这些观念的熏陶。难怪，当他听到麦金德要求其读者"从非常真实的意义上，把欧洲和欧洲文明看作反对亚洲入侵这一世俗斗争的结果"时，他深受震动。两个人分别在英国和德国城墙上注视着即将发生的事情，他们就是在这个时候相遇的吗？希特勒的上台和第二次世界大战的开始最终给出否定的答案。但是，尽管无法找到通向彼此的道路（我们应该记住，豪斯霍弗把麦金德称为"可恨的敌人"，尽管他很钦佩麦金德），他们都对亚洲很着迷。在《不列颠与不列颠之海》(Britain and the British Seas)的第一章中，麦金德写道，"英国……西方最偏僻的角落"，而在结尾处他却写道，"不列颠自成一体"。这位英国现实主义者与这位德国将军[123]都从各自的西方角落，从不同的世界，看向俄罗斯，看向一个亚洲的俄罗斯。

拉采尔的观点是由美国和俄罗斯巨大的空间维度形成的，但在麦金德看来，现代欧洲政治版图上最显著的对比是：俄罗斯占据半个欧洲大陆的广阔地区，而一群西欧国家却只占有较小领土。愿意追随世界征服者从亚洲未知的角落向西方进发的人，必须牢记俄罗斯地理学中的一个基本事实：由于俄罗斯平原的气候条件，北部和西北部是仅被沼泽分隔的森林带，而南部和东南部是一望无际的大草原。这些都是众所周知的事实，但人们没有充分考虑到，这些实际情况直到最近才控制了俄罗斯的人口流动和定居。将这两个地区分开的分界线对人类产生了巨大的影响。直到最近，在俄罗斯西部，森林的砍伐、沼泽的排水和草原的开垦共同作用才在一定程度上使俄罗斯地貌特征趋于平整。

　　早期的俄罗斯和波兰完全建立在林间空地上。5世纪到16世纪期间,图兰语系的游牧民族陆续出现,穿过草原,穿过乌拉尔山脉和里海之间的隘口。[124]其中,阿提拉(Attila)①领导的匈奴人在普斯塔斯(Pusstas)中间定居下来,建立自己的势力。普斯塔斯是匈牙利平原上一片独立的草原。他们从这里向北、向西、向南对欧洲的定居民族进行可怕的突袭。麦金德总结说,最具革命性的变化从这些袭击中产生。近代史的一大部分可以被看成对这些袭击直接或间接引起的变化的注释,间接后果比直接后果更重要。

　　如果我们和麦金德一样强调间接变化,那么整个西方文明史确实可以被看作反对亚洲人入侵的世俗斗争的结果,因为它包括西方对来自亚洲大草原的压力的反应。也许正是这种压力驱使盎格鲁－撒克逊人漂洋过海建立英格兰,迫使法兰克人、哥特人和罗马官员联合起来,第一次在夏龙(Chalons)战场并肩战斗,进行反对亚洲人的共同事业,不自觉地结合成近代的法国。"冷酷无情、毫无理想的牧民横扫畅通无阻的平原",这确实带来丰厚的收获——蜜蜂为被它践踏的花朵施肥。因此,麦金德认为,威尼斯建立在阿奎利亚和帕多瓦的废墟之上,甚至教皇统治的决定性威望也得自教皇利奥与阿提拉在米兰的成功调停。

　　紧随匈奴人而至的是阿瓦尔人,奥地利作为抵抗这些人的边境地带而建立,维也纳得到了加固。继之而来的是马扎尔人,

---

　　① [译注]阿提拉,公元406年至453年,古代亚欧大陆匈奴人的领袖和帝王,在位时占有里海至波罗的海和莱茵河间广大地区,被欧洲人称为"上帝之鞭"。普斯塔斯意即草原。

他们从匈牙利的草原基地不断发动袭击,增加了奥地利作为前哨地点的意义,[125]从而将日耳曼人的政治中心东移到这个区域的边缘地带。

> 一千年来,一系列骑马的民族从亚洲穿过乌拉尔山脉和里海之间的广阔间隔,踏过俄罗斯南部的开阔地带,并夺取位于欧洲半岛中心地带的匈牙利。出于反对他们的必要性,于是形成了周围每一个伟大民族的历史——俄罗斯人、日耳曼人、法兰西人、意大利人和拜占庭希腊人。他们之所以激发出健康的和强有力的反应,而不是在一种普遍的专制主义下粉碎反抗,是由于这一事实:他们适应草原条件的机动性,遇到欧洲中部的森林与山脉就必然受阻。①

草原土匪的行进与来自海上强盗的压力不相上下。维京人从斯堪的纳维亚半岛驾着船只来到欧洲的北部和南部海岸,沿着水道渗入内陆。因此,欧洲的定居民族就被夹在这两种压力之间,但两者都是刺激性而非压倒性的力量。

这就是麦金德从历史的黎明开始的故事,其形式相当简洁。它把整个历史建立在一个综合的概念上,即亚洲的压力对欧洲和西方文明的影响。这由此演变出一种地理世界观,进而扩展为全球地缘政治观。

[126]麦金德现在给我们带来的总体观点是:所有的历史和政治都是由欧亚大陆内部巨大的核心与外部较小的边缘地区和岛屿之间的巨大斗争所决定的。若要了解这种划分的意义,

---

① [译注]麦金德,《历史的地理枢纽》,林尔蔚、陈江译,北京:商务印书馆,2009,页57-58。译文有改动。

我们应该从这样的观察开始:由于雨水来源于海洋,最大的陆地的中心可能相对干燥。这就解释了为什么世界上三分之二的人口都集中在最大陆地边缘相对较小的地区——欧洲在大西洋沿岸,印度和中国在印度洋和太平洋沿岸。内陆的枢纽地区是这块广袤而连续的欧亚大陆,占全球陆地面积的一半。总的来说,气候和地理结构使这一核心地区成为草原地带。也就是说,这片广阔的地区具有可以"维持一个人烟稀少的,但总计起来仍数量可观的骑马或骑骆驼的游牧民族"的全部条件。他们是草原上的强盗,14 世纪中叶在蒙古集结力量,最终袭击了三千英里外的欧洲。蒙古人的入侵一直持续到 15 世纪,欧洲大陆内部核心地区的民众和边缘地区的民众之间的斗争动摇了旧世界的基础。俄罗斯、波斯、印度和中国在草原机动力量的打击下节节败退。它们要么被迫称臣纳贡,要么接受蒙古王朝的统治。

我们现在已经准备好设想欧亚大陆的巨大规模和前景,[127]因为我们已经学会把欧洲和旧世界看作是"隶属于亚洲"。我们可以把视线集中在欧洲大陆的内部核心:

> 欧亚大陆是一块连续的陆地,北部为冰块围绕,其他三面为水域包围,面积为二千一百万平方英里,或者说等于北美洲面积的三倍以上。这块陆地的中部和北部,约有九百万平方英里,或者为欧洲面积的两倍以上,没有可用的水路通往海洋。①

这是"心脏地带",它周围是呈巨大新月形的边缘地区,便于运

---

① [译注]麦金德,《历史的地理枢纽》,林尔蔚、陈江译,北京:商务印书馆,2009,页 62。译文有改动。

输,根据其自然形态,可将其划分为四个区域。麦金德提醒我们注意这样一个事实,即从总体上看,它们与佛教、婆罗门教、伊斯兰教和基督教四大宗教的领域一致。前两个区域在季风地带,一个面向太平洋,另一个面向印度洋。第三个是欧洲。这三个地区的人口总数超过十亿(1904年),占世界人口的三分之二。第四个地区与五海(里海、黑海、地中海、红海和波斯海)地带或者更常说的近东地区一致,它兼有边缘带和欧亚大陆中心地带的一部分特征。然而,占主导地位的是它的边缘特征和海湾,海洋与河流使它对海上强国开放。因此,在这里我们有了本质上属于边缘地带的帝国,但这些帝国遭受了一系列无与伦比的革命的影响。有些是由于来自中亚的袭击,有些是因为地中海地区的各民族努力征服从西部到东部海洋的陆上通道。

> [128]这里是早期文明最薄弱的地方,因为苏伊士地峡把制海权分成东西两部分,而从中亚推进到波斯湾的波斯干旱荒原,使游牧势力不断拥有机会打到那一片把东面的印度、中国与另一面的地中海世界分隔开来的大洋边缘。①

在这个五大洋地区,海洋力量挑战了大陆心脏地带的马和骆驼的机动性。麦金德带领我们快速穿越以入海河流航行为基础的河流阶段文明,即扬子江畔的中国文明,恒河畔的印度文明,幼发拉底河畔的巴比伦文明,尼罗河畔的埃及文明。他带领我们走过文明的地中海阶段。这是在地中海航运的基础上,建立起

---

① [译注]麦金德,《历史的地理枢纽》,林尔蔚、陈江译,北京:商务印书馆,2009,页63。

所谓海洋阶段的文明,即希腊人和罗马人的文明。撒拉森人和维京人在沿海航行中占据主导地位。

现在我们正处在麦金德开始评论的那个哥伦布时代的中期。他让我们看到,通往印度群岛的好望角的发现产生了世界性影响,把欧亚大陆东西海岸的航行连接起来。虽然这是一条迂回的路线,但它在一定程度上"通过压迫草原游牧民族的后方",抵消了他们中心位置的战略优势。"哥伦布时代的伟大航海家们所引发的变革赋予基督教世界除飞翔以外的、最广泛的机动能力。"

我们不要忘记,正是在 1904 年通过对历史的回顾,[129] 麦金德向听众介绍了这些思想,这些思想将带领我们走得更远。回顾三十八年前提出的未来事物的概念时,麦金德说,"奇怪的是",在他对"力量的机动性,缺少带翅膀的机动性"的预言中,他预见到了航空,但没有预见到汽车。在这方面,值得注意的是,在 1904 年演讲之后的讨论中,后来成为英国海军大臣和主管印度事务的大臣艾默里(Leo Amery)①做出这样的预言:

> 未来(可能近在咫尺,也可能遥遥无期)铁路和海洋的机动性都将由航空作为动力的一种手段来加以补充。

但是有翅膀的机动性和汽车的机动性仍然是未来的事情。

---

①　[译注]艾默里(1873—1955),英国保守党政治家,记者,共济会成员。艾默里在一战期间曾担任情报官,战后 1922 年至 1924 年出任海军大臣。他还在 20 世纪 30 年代担任德国金属制造公司董事,从而有机会了解德国的军事潜力。1940 年 5 月,艾默里在下议院发表的讲话,抨击张伯伦对纳粹德国的绥靖政策。他在 1953 年出版三卷本自传《我的政治生活》。

在它们成为现实之前,哥伦布时代的发现使人类越来越意识到唯一的连续的海洋的巨大潜力。现代海军战略的全部理论就以海洋的最终统一为基础。欧洲和亚洲的关系现在颠倒过来了。海上力量使欧洲的影响力包围着欧亚陆上强国,而欧亚陆上强国在中世纪时曾威胁到它的生存。

在水域中间发现的空旷土地上形成了一个个新欧洲,对于欧亚大陆来说,现在的美洲和澳洲,甚至在某种程度上说,撒哈拉以南的非洲,就相当于早期欧洲所面对的不列颠和斯堪的纳维亚半岛。英国、加拿大、美国、南非、澳大利亚和日本,[130]现在是一个由制海权和商业上的一连串外围和岛屿基地组成的环,它们是欧亚大陆陆上强国无法进入的地方。

这就是麦金德所说的海权时代,也就是说哥伦布时代在1900年后不久就结束了。麦金德的同时代人是否在1904年看到了它的衰落?德国地缘政治学的学生和战略家们是否在日俄战争后的重要岁月里看到了它的衰落?最后,当我们试图制定一项没有它就无法赢得这场战争的大战略时,我们是否充分理解了这种变化的全部意义?正是带着这样的问题,我们逐步接近麦金德的历史和战略纲要的最后和决定性的部分,在其中,麦金德对海权作为争夺世界统治权斗争中的主导力量具有稳定性这一信念提出挑战。

> 陆上强国仍然存在,而且最近的一些事件再次增加了它的重要性。

它的名字叫俄罗斯。当西方国家的人民着迷地注视着海上强国的舰队在各大陆的外缘定居时,俄罗斯的势力则是从莫斯科通过西伯利亚推进:"骑兵们向东横扫亚洲,这一事件差不多和绕道好望角一样孕育着巨大的政治后果。"俄罗斯也从她以前在北方森林的隐居生活中走了出来。麦金德称之为"也许是上个世纪欧洲发生的最重要的内在变化",即俄罗斯农民的向南迁移,使俄罗斯和德国军队陷入殊死战斗的麦田成为俄罗斯整个欧洲部分的中心。

[131]蒸汽机的发明彻底改变了权力的流动性。但这场革命带来的决定性变化是,它赋予陆上强国相对于海上强国的中心位置优势。这就是地理战略概念的本质,正是这个概念使麦金德认识到历史的地理枢纽在我们这个时代所具有的全部意义。横贯大陆的铁路现在正穿梭于陆权国家之间。它们将给欧亚大陆封闭的中心地带带来最大的变化。在这种发展中,公路阶段将被省略。铁路将直接取代马和骆驼的机动性。麦金德指出,在20世纪结束以前整个亚洲将会被铁路覆盖。这将对未来军事战略的基础产生最根本的影响。在俄罗斯铁路的基础上,一个巨大的非海洋经济体系将得到发展。称其为非海洋性是因为俄罗斯帝国和蒙古的幅员辽阔,在人口和原材料方面有着不可估量的巨大潜力,能够形成一个封闭的单元,海洋贸易无法进入。

世界政治和战略的这个枢纽地区在古代是骑马的游牧民族的家园,现在已经被铁路网所覆盖。一个从军事和经济力量的机动性中获取力量的帝国再次具备了理想的发展条件。但是,麦金德总结说,它也有局限性。作为蒙古帝国的继承者,新俄罗斯在世界上"占据着德国在欧洲的核心战略地位"。除了北方以外,俄罗斯能向各方出击,也将受到来自各方的攻击。[132]麦金德认为,俄罗斯将始终意识到其巨大的地理局限性。他预言说:"任何可能的社会革命都不可能改变俄罗斯与这些局限性的基本关系。"俄国统治者明智地看到了自身力量的局限性，所以放弃了阿拉斯加。

我们现在可以看到枢纽地区和周边国家的地理关系，这种关系决定着世界战略中的力量平衡。麦金德的全球观区分了枢纽区域以外的两个新月形地区。内新月形地区有德国、奥地利、土耳其和印度。外新月形地区则有英国、南非、澳大利亚、美国、加拿大和日本。1904 年，俄罗斯的实力不及周边国家。但人们预见到它与法国结盟以恢复平衡的可能性。

在一个封闭世界中的力量平衡——麦金德演讲的结尾部分反映了过去四十年来所有有思想的人对革命性变革的焦虑。这些变革在 20 世纪从根本上颠覆了世界政治秩序的基础。不仅苏伊士运河和巴拿马运河的修建（巴拿马运河的后果在 1904 年即清晰可见）改变了世界对制海权的看法。全球海上力量和陆地力量之间的平衡被铁路、汽车和飞机的快速发展所动摇。广播甚至使人们的思想也变得机动起来，所有这些变化使处于中心位置的陆上力量大大增强了对抗海上力量的能力。[133]难怪在新的封闭世界里，曾经用来维持力量平衡的旧工具已变得毫无用处。

多年后的 1935 年，在英国皇家地理学会的演讲中，麦金德用反映 1904 年至 1942 年这期间人们心态的语言，表达了人类对新的、不平衡世界的焦虑：

> 今天的危机渗透到了每一项人类活动和几乎每一种更大的思想中，其根源难道不是地理上的吗？人类突然有了世界意识，并受到惊吓。各个国家都返回自己的家园，并封锁自己的大门。他们已经意识到，从此以后，他们必须生活

在一个封闭的体系中。在这个体系中,他们做的任何事情当中,没有哪一件不会遇到从地球另一端传回的反响。在一个由于遭受囚禁而可能变得残酷的时代,他们的第一个冲动就是要确保拥有避难的城堡。①

麦金德从本世纪初就看到世界上所有主要国家之间即将发生冲突的必然性。在这个封闭的体系中,新的力量已经在陆地、空中以及太空大肆活动,其活跃程度在海权占主导地位的几个世纪里是无法想象的。麦金德的目的是让他的听众掌握这个新世界的动态,他正在寻求一个无论人类权力平衡如何波动都会有效的公式。他找到的公式来自他对枢纽地区终极核心力量的设想。

> 进入平衡状态的特定力量组合并不重要,[134]我的观点是,从地理角度看,它们可能会围绕枢纽国家旋转,枢纽国家可能总是很伟大,但与周边的边缘和岛屿国家相比,只有有限的机动能力。

我们不要忘记,麦金德在 1904 年得出的最终结论不是在空旷的空间,而是在英国的"避难城堡"中。无论谁控制内陆地区,枢纽位置的地理意义都将保持不变。当权力的平衡出现有利于枢纽国的变化时,人类命运的关键时刻就会到来:

> 随着枢纽国家向欧亚大陆边缘地区的扩张,力量平衡被打破,并出现了有利于枢纽国家的变化,这将使枢纽国家

---

① Jubilee Address before the Royal Geographical Society, 13 May 1935. p. 5.

能够利用巨大的大陆资源来建造舰队,那时这个世界帝国就在眼前了。如果德国与俄罗斯结盟,这种情况就有可能发生。①

在一个与 1904 年截然不同的世界里,麦金德于 1918 年底写下了他的神秘公式:

> 谁统治东欧,谁就能主宰心脏地带;谁统治心脏地带,谁就能主宰世界岛;谁统治世界岛,谁就能主宰全世界。

他的观点基本上没有改变。但在研究麦金德在第一次世界大战影响下形成的观点之前,我们应该先看看 1904 年麦金德与德国豪斯霍弗地缘政治学之间的联系。到目前为止,我们可以确定,在 1925 年以前豪斯霍弗并没有看过麦金德的战后著作《民主理想与现实》,[135] 而此时他的基本世界政治概念已经明确确立。正如我们所知,豪斯霍弗认为《历史的地理枢纽》是他所学课程中最具启发性的课程,是"最伟大的地理世界观"。我们现在可以想象,在讨论了麦金德对豪斯霍弗的思想和计划影响最大的那些概念之后,它们多么完美地契合了一种世界观。这种世界观从拉采尔的空间增长规律和大陆板块以及未来的世界帝国的世界历史前景中获得了基本思想。这位深受拉采尔概念影响的德国大陆地缘政治学大师,在阅读麦金德浓缩的地缘政治学初级读物时,在看到"英国……西方最偏远的角落"时,眼前

----

① 强调符为作者所加。[译注]麦金德,《历史的地理枢纽》,林尔蔚、陈江译,北京:商务印书馆,2009,页 69。

立刻变得清晰：俄罗斯确实是一个枢纽国家,通过向欧亚大陆的边缘地带扩张,它可能成为世界帝国的缔造者。"如果德国与俄罗斯结盟,这种情况就可能发生……"

麦金德为德国地缘政治学开路的故事可以到此结束了。事实上,我们必须将对他的思想的讨论限制在他的地缘政治世界观的某些部分以内,这部分世界观比 1904 年或 1919 年被少数政治家和学者所阅读的部分更有影响力。随着地缘政治学来到美国,麦金德思想的复兴导致其著作《民主理想与现实》的再版。"我的书又回来了,"麦金德在 1942 年写道,[136]"就像一个幽灵重新来到一个它曾经毫无尊严地生活过的世界。"①毫无疑问,与二十三年前相比,今天人们阅读这本书(就像荷马李那些不太重要的作品一样)会更有兴趣,书各有命(habent sua fata libelli)！然而,为了说明麦金德在第一次世界大战结束时是如何看待俄罗斯和德国在未来世界政治中的角色和关系,这里应该加上对他 1919 年著作的一些评论。

在麦金德看来,第一次世界大战在 1917 年之前并没有显露出它真正的、致命性的面貌。当时随着沙皇政权的垮台和俄国的革命,俄罗斯不再是民主国家的战斗盟友。从这一刻起,1917 年至 1918 年的世界大战成为陆上强国与海上强国之间的对决。

> 海上强国一直在围攻陆上强国。我们已经战胜了,但是如果德国战胜,她就会在历史上最广阔的基础上建立她

---

① 　[译注]在麦金德给作者的信中提及。

的海上力量。①

因为,如果德国是战争的胜利者,欧洲、亚洲和非洲的联合大陆(麦金德现在称之为世界岛②的所有广阔陆地)将成为德国的猎物。

德国的失误是在两条漫长的战线上作战,并在"她的政治目标——汉堡和海外统治或巴格达和心脏地带"之间犹疑决策。③ 在麦金德看来,由于这个失误,德国违背了自己的义务,即与奥匈帝国一道成为西欧防御体系的一部分,对抗广袤心脏地带内那个可能威胁亚洲和欧洲所有边缘地区的帝国。[137]在19世纪末,正是出于对这种潜在威胁的预测,

　　普鲁士和奥地利的日耳曼人……征服斯拉夫人,并利用他们占领心脏地带,通过这些土地进入中国、印度、阿拉伯和非洲的心脏地带。德国在胶州和东非的军事殖民地被确立为陆路通道的终点站。④

但是,德国和法国之间长达几个世纪的宿怨导致法国与俄罗斯结盟,迫使德国在两条战线上作战。⑤ 最终导致德国失败的不是两线作战本身,而是德国总参谋部在各个战区的战略。

---

　　① *Democratic Ideals and Reality*, p. 79.

　　② "世界岛"实际上是一个世界大陆,因为北极的冰层阻碍环球航行。Cf. F. J. Teggart, "Geography as an Aid to Statecraft", *Geographical Review*, 1919, pp. 230 f. , 232 f.

　　③ *Democratic Ideals and Reality*, p. 192.

　　④ *Democratic Ideals and Reality*, p. 137.

　　⑤ 麦金德在1904年预见到,这是使俄国力量与周边国家综合力量相当的一种手段。

麦金德在战争结束后写道：

> 如果德国选择在其通往法国较短的边境上采取防御性措施，并将主要力量投向俄罗斯，那么当今世界将在名义上处于和平状态，但会被一个控制着整个心脏地带的德国东欧所统治，这并非不可能。英美岛国人民意识到这一战略危险时将为时已晚。①

盟军确实侥幸躲过一场灾难。条顿族和斯拉夫族之间的宿怨给了英美世界喘息的机会。陆上强国与海上强国的决战即将到来。因为飞机、汽车和铁路使处于中心位置的陆上强国拥有了相对于海上强国的优势。因此，1919 年正是为力量均衡做筹划和准备的时候，从而使德国占领东欧成为不可能。[138]麦金德提出的可行的解决方案是建立从波罗的海到黑海的一系列独立国家，以分离德国和俄罗斯。②

但是，东欧缓冲国的悲惨命运是另一个故事的一部分。建立缓冲区一直是大英帝国解决国际问题最喜欢的方法。这一次，麦金德在均衡博弈中过于紧跟英国的趋势。大英帝国受到大陆强国增长的威胁最大，这一不争的事实支配着麦金德的全部思想。

以下引文与我们所讨论的内容没有直接联系，但它是麦金德的英国观点的特征。这段话写于 1901 年他的《不列颠与不列颠之海》的最后一章：

---

① *Democratic Ideals and Reality*, p. 185.

② *Democratic Ideals and Reality*, p. 196 ff.

其他帝国都有不再辉煌的这一天,不列颠也可能有这么一天。但是,在人类目前的情况下,只要英国人始终保持他们的道德品质,这种命运就不太可能发生……未来历史的整个进程,将取决于狭海(英吉利海峡与爱尔兰海峡)(Narrow Seas)之滨的老英国是否有足够的雄风和想象力,足以抵御邻邦霸权的所有挑战,直到其藩属国成熟为止。①

不列颠的几个藩属国(daughter nations)是否已经达到能够从麦金德的地缘政治概念中得出重要结论的成熟状态(在智慧上而非年龄上),这是历史正在为之书写答案的问题。

---

① Mackinder, *Britain and the British Seas*, New York, 1914, pp. 350, 358. *Journal of Geopolitics*, 1939, p. 781.

第六章 豪斯霍弗与心脏地带

若不做那些噩梦,我也可自命为无限疆域之帝王。

——莎士比亚

[139]仿佛是命运的驱使,拉采尔和麦金德的弟子在试图解开德国的未来之谜时被迫把目光投向东方。在豪斯霍弗看来,国际政治中的每一个事件都突显出世界权力的重心正从欧洲转移到亚洲的趋势。工业革命终于席卷东方广阔的平原。俄罗斯、西伯利亚、蒙古和中国都以巨大的规模出现。毫无疑问:"帝国的道路向东发展。"

德国的未来,乃至整个世界的未来,都取决于她与东方陆上强国的关系。麦金德假设,如果德国和俄罗斯作为对手彼此交战,那么它们将在第一次世界大战中失败——这一假设已经得到证实。当然,对于一个曾在德国总参谋部工作过的人来说,[140]德国不应该对俄罗斯发动战争,尤其是她将不得不在西方的第二战场上作战的情况下。这种想法既不新鲜,也不令人吃惊。对俄友好一直是俾斯麦外交政策的基调。据说,德国第一任皇帝威廉一世的遗言是:"与俄罗斯保持和平,那么就永远不会有战争!"那是在1888年,这位老兵弥留之际是否真的发出过这个非常及时的警告已经不重要。它可能是在俾斯麦精巧地驾驭德意志国家这艘船的时候发出的。但是,1918年后的世界

与俾斯麦主宰欧洲力量平衡的世界相比,已经大相径庭。一个
新的德国和一个新的俄罗斯都带着对彼此深深的不信任,他们
之间的鸿沟日益加深。对德国地缘政治家来说,消除在意识形
态方面的分歧似乎至关重要。在德国历史上,不同的意识形态
往往是灾难的根源。第一次世界大战对豪斯霍弗来说是一个严
厉的警告。他指出:

> 德国人和俄罗斯人终于认识到,他们都是受害者。他
> 们的殊死争斗只是为了周边西方大国的帝国主义目标而火
> 中取栗,换来的却是自身肉体的烧伤和灵魂的残缺。①

然而,为了教育德国人民采取与俄罗斯合作而不是对抗的
大陆政策,需要给他们上几堂关于支撑苏联力量的地理因素的
课。德国人,无论是领导人还是追随者,都不可能仅仅因为被告
知俄罗斯的面积占世界面积的六分之一,其人口占人类总数的
十二分之一就被说服。这只是故事的一部分。[141]豪斯霍弗
和他的助手们,尤其是德国人尼德迈尔(von Niedermayer)和奥
布斯特(Obst)以及俄国人谢姆约诺夫(Semjonoff),孜孜不倦地
向他们的读者解释,俄罗斯有可能是一个比美国更强大的陆上
强国。但故事的另一部分也同样重要。德国人,尤其是他们的
右翼——民族主义者、军官、青年学者——必须把布尔什维克主
义的俄罗斯视为民族主义德国的天然盟友。像斯特莱斯曼
(Stresemann)或拉特瑙(Rathenau)这样的人向魏玛德国的民族
主义团体发表这样的声明,可能会被置若罔闻。但豪斯霍弗和
他的弟子们表达的同样观点得到了认真对待。豪斯霍弗深知,

---

① *Journal of Geopolitics*,1939,p. 781.

地缘政治战略家也必须是心理战专家。这场战争始于国内：为了对一个民族进行"地理意识"教育（拉采尔曾警告说，这种教育是乏味的），有必要考虑一个民族的情感反应。在德国，情感扮演着最重要的角色。利用这种情感让德国人准备好迎接面向东方的新浪漫主义，这是地缘政治战略的公理。

对德国地缘政治战略的任何研究，都必须从一项特定政策背后的心理基础入手。德国作为东西方之间堡垒的地理位置使这种方法成为必要。自 1924 年以来，《地缘政治学杂志》①的专栏经常表达这样一种观点，即西方作为一种政治和文化正在亚洲兴起。[142]德国正果断地参与这一运动，因为流向亚洲的能源正是来自东欧，尤其是德国。就像西方世界从欧洲手中被夺走一样，东方也将从欧洲被征服。德国作为西方文化世界的积极参与者的角色已经结束。她再也不能给西方提供任何东西，西方也不能使德国富裕起来。但在东方（指巴尔干半岛和维斯瓦河以外的所有地区，包括俄罗斯和中国），文化接触有着巨大的可能性。德国不仅要向东方提供她所有的技术经验，还可以成为东方各民族的教育家。

在大多数这些讨论中，很少有人想到斯宾格勒所推测的一种可能性，即东方崛起的新文化力量可能被证明比不断受到战争和革命冲击的德国老化文明更强大。在豪斯霍弗总部，提起这个问题是个禁忌，讨论仅限于部分解决方案：作为对其向东方提供相关经验的交换，德国将为自己过剩的人口取得一个出口。

---

①　参见 E. Barthel 的"欧洲和欧洲的命运"（"Germany's and Europe's Destiny", *Journal of Geopolitics*, 1926, p. 304）。其思想主体上是慕尼黑学派的典型观点。

他们并未提及这将如何在俄罗斯和德国之间进行调整。然而，这种问题永远不可能通过战争来解决，只能通过和平合作来解决。这是豪斯霍弗在 1924 年至 1941 年 6 月 22 日期间出版的关于东方，特别是关于苏维埃俄国的所有出版物中表达的信念。如果德国的地缘政治家担心新的东方文化会对德国人的思想产生影响，[143] 他们成功地掩盖了这样一个事实。德国文化将被证明更强大，德国将成为融合的主体——他们如此写道——而不是融合的对象。因为在她与东方各族人民的关系中，德国将发现自己处于熟悉的领域。在西半球，德国移民成为被英美和拉丁民族吸收的"文化养料"，但对东部边境的德国人来说却并非如此。对于这一经验，希特勒从未理解过，但豪斯霍弗却完全理解并经常表达出来。历史告诉我们，东方会保持其文化背景的完整性。

作为世界观的德国地缘政治学比纳粹更需要为其对东方的和平渗透提供理由，纳粹几乎不屑于在讨伐世界布尔什维克主义的烟幕后面掩盖自己的权力欲望。豪斯霍弗的弟子们证实，德国的浪漫主义与俄罗斯的文化非常相似，甚至他们还隐约觉得它与中国和印度的文化也很相似。但德国不仅仅是这个东方世界的一部分。她的位置和历史使它成为连接东西方的纽带。从文化的角度看，她还需要完成向东方传播西方智慧的任务。另一方面，地缘政治学家们认为，她是每一种从东方进入西方世界的文化影响的过滤器。

鉴于这样一个目标，德国人民，尤其是德国领导人，需要对西方世界，尤其是对英国采取新的态度。他们还需要对东方，尤其是对俄国布尔什维克主义采取新的态度。[144] 日耳曼人和斯拉夫人之间的宿怨曾在第一次世界大战中拯救了协约国，并导致德国的垮台。这种宿怨绝不能再次威胁到德意志民族的生存。1914年之前，德国的困境是，在工业革命的过程中，在某种程度上她成了一个二流的英国。德国忽视了这样一个事实，即德国的根在东方而不是在西方，她对增长和扩张的渴望将从东方得到满足。这对于接受拉采尔空间增长概念培养的思维非常重要。布尔什维克主义是否真的对德国的生活方式如此敌视，以至于它成为一堵将德国与东方隔开的不可逾越的墙？事实上，这是支持德国外交政策东方化的地缘政治学必须回答的最复杂的问题。因为在那些主要由豪斯霍弗和他的团队所接触的群体中，德国人对布尔什维克主义的偏见根深蒂固。然而，这种尝试必须进行而且已经进行——比国外大多数观察家所意识到的更成功。斯宾格勒在《普鲁士的精神与社会主义》(*Prussianism and Socialism*)中所表达的思想很受欢迎，特别是在德国残余军队的年轻成员中。去俄国训练俄军精锐部队的军官们回到德国后并没有成为新俄国的敌人。德国最激进的民族主义军官之一鲍尔(Max Bauer)①上校的转变具有许多陆军军官心理态度转变的特点，最终鲍尔在俄国成为苏维埃的热情支持者。

在1918年之后的几年里，[145]没有什么比欧洲对列宁的亚洲社会主义的反应更能清楚地表明东西方思想之间的巨大鸿沟。西方人即使是社会主义者，也仍然是个人主义者，不可能完全被塑造成一个集体。但俄罗斯民众却并非如此。就像陀思妥

---

① ［译注］马克斯·鲍尔是一位资历颇深、背景复杂、有着传奇经历的军人，他一战爆发时为德国参谋本部作战处的参谋。一战结束时以上校军衔退役。在参加1920年3月旨在推翻魏玛共和国的卡普政变失败后，他浪迹于奥地利、西班牙、阿根廷，甚至在苏联也担任过顾问。他是蒋介石聘请的第一个德国顾问。

耶夫斯基在《卡拉马佐夫兄弟》(*Brothers Karamazov*)中关于大法官的故事中所描写的塞维利亚市民一样,他们是列宁信条的完美化身。广大群众自愿将他们的自由让渡于这一信条。他们接受精英的专制统治,形成一个庞大且强大的集体。德国观察家认为他们理解这种转变。在德国,个人自由和西方民主的概念只是在文化生活的表面上流行。在其深处,德国人的灵魂仍然与东方紧密相连,尤其是在那些领导集团中,普鲁士主义和为国家服务的思想是一股强大的生命力。对那些认为普鲁士社会主义思想不仅仅是一个巧妙的口号的德国人来说,亚洲人列宁和斯大林在俄国建立的国家社会主义可以理解。豪斯霍弗周围的团队,也就是他向其传授知识的那些群体,在列宁主义和斯大林主义中看到了他们自己的火焰,这并不是巧合。他们的思想已经准备好转向东方。

这就为一种与德国人、法国人、英国人、美国人所持有的关于俄罗斯乃至亚洲本身的截然不同的概念奠定了心理基础。在为一篇关于苏维埃俄国的地缘政治研究写的前言中,[146]豪斯霍弗说,"苏联的地缘政治学"旨在"表明苏联可能是朋友、敌人或者是笑到最后的人,展示他们的真实面貌而不是他们自己所宣传或贬低者所描绘的他们的面貌"。① 他补充说,这种观点很有代表性,它将给"那些被小空间概念所困的读者提供衡量伟大的标准"。

豪斯霍弗至少没有犯这样一个错误,即低估亚洲俄罗斯在

---

① Haushofer in introduction to Oskar von Niedermayer and Juri Sem-jonow,*Sowjet - Russland*,1934,p. 11. 这本只有 150 页的书是对大量事实材料的精辟总结,也是现代俄罗斯地缘政治研究的杰作。

不久的将来所扮演角色的重要性。他不仅对布尔什维克主义者着手组织成一个革命单位的广袤大陆和人文因素印象深刻。毫无疑问,他也意识到一种新的精神正在东方平原上形成。豪斯霍弗认为,蒋介石的美国顾问拉铁摩尔是美国杰出的政治地理学家。他用比豪斯霍弗更精确的语言描述了这方面的情况:

> 俄罗斯从来就不是一个真正符合西方传统的西方国家。很显然,现在它成功地接管西方文明,并对其进行改造,同时也改造了俄罗斯民族。结果,一种新的文明形式出现了,它具有自己特有的社会、经济和知识价值。①

豪斯霍弗看到了这一切。在巴伐利亚山区的小农舍里,他坐在自己的书桌前,觉得自己离辽阔的俄罗斯更近了。但就像哈姆雷特一样,他也觉得,"如果不是因为经常做噩梦,我可以把自己看作无限空间的国王"。他在1934年写道,

> [147]仅仅描述俄罗斯广袤而自然的地貌是不够的;人们还必须抓住它的神奇和邪恶特征,这让人想起东欧传奇《弗兰肯斯坦》(*Frankenstein*):果列姆(Golem)。②

---

① Owen Lattimore, *Manchuria*: *Cradle of Conflict*, New York: The Macmillan Company, 1932, p. 150. 拉铁摩尔的所有著作都是地缘政治分析的杰作,任何研究远东国际政治的学者都不能忽视它们。

② Haushofer in introduction to von Niedermayer – Semjonow, *Sowjet – Russland*, p. 10. [译注]《弗兰肯斯坦》是玛丽·雪莱创作的小说,其他译名有"科学怪人""人造人的故事"等,该故事的寓意是:如果为了领教大自然变幻莫测的力量,冲动行事,必将会出惨重代价。在犹太神话中,果列姆是用水和泥,通过某种咒语,创造出来的东西。所以,果列姆就是人造人。

豪斯霍弗问道：

在音乐和语言中如此美妙地充满活力的俄罗斯人民的灵魂变成了什么？它是否已成为机械化工作的一部分？它是否已被奇怪的学说所征服？或者它只是在沉睡，会突然可怕地醒来？

德国地缘政治学认为，为了成为世界政治领袖，数百万俄罗斯人已经准备好承受痛苦和牺牲。当沙皇统治终结，革命摧毁了一个腐朽时代的最后残余，由俄罗斯世界使命的梦想家所描绘的所有精神力量被莫斯科的世界革命思想所融合，转化为泛俄罗斯运动。但新生的俄罗斯很快就发现，采取这种行动的时机尚未成熟。西方仍然岿然不动。在华沙战役中，波兰人发现韦安特（Weygandt）将军更具领导才能。在华沙之战中败北的俄国人遭到自己前盟友的反对，与西方集团分割成两个世界并与其对抗。波兰和东部的缓冲国以及在它们后面作为第二道防线的德国，仍然坚不可摧。

但是，俄国在革命初期所遭受的屈辱只使她更加强大。豪斯霍弗关注着东部边界以外的每一阶段的发展情况。他看到亚洲因素在共产国际中的影响日益扩大。俄罗斯转向东方。[148]在中国及其边境地区，布尔什维克主义的理念和莫斯科的承诺正在点燃火焰。随着莫斯科再次成为政治权力中心，这一革命思想越来越深入。它的力量来自这样一个事实（在这个国家这经常被忽略和忽视），即苏维埃社会主义共和国联盟不仅仅是一个俄罗斯帝国，它意味着在莫斯科领导下的东亚人民的统一。

俄国与德国的关系仍然处于平衡状态（悬而未决）。随着时间的推移,俄罗斯的军事战略似乎不太可能实现统一的欧洲。豪斯霍弗和他的朋友们看到,俄罗斯权力政治的新概念正在慢慢浮现。德国的地理位置可能会让她成为苏维埃帝国与西方世界未来权力博弈中的一枚棋子。俄国领导人是否会试图将德国作为其帝国的附属国,作为对抗敌对资本主义势力集团的缓冲堡垒(防御工事)?①

我们将不在这里回顾魏玛共和国时期德俄关系的故事。但必须指出,与希特勒和罗森贝格讨伐宿敌布尔什维克主义的政策相比,这一阶段的德国外交政治更符合豪斯霍弗的基本理念,比如从《拉巴洛条约》(Treaty of Rapallo)到 1926 年 4 月 26 日与苏联签订的《互不侵犯条约》(Non‐aggression Pact)。德国对国际联盟(League of Nations)的不满促成了 1926 年的条约,该条约是德俄两国关系的重要一步。如果一个缔约国(尽管表现和平)受到第三国或多个国家的攻击,[149]该条约的另一个缔约国将保持中立。这意味着德国已经决定不参与国际联盟成员削弱苏联的任何企图。其目的是为了防止德国成为盟国对付俄国的作战基地(除非俄国成为侵略者,而这是不可预料的)。另一方面,对德国有利的是,在与西方列强发生冲突的情况下,该条约将使德国免受来自东方的钳形攻击。这为德国在后凡尔赛时代的权力组合中走向东方做好了准备。盟国必须吸取的重要教训是,如果俄罗斯和德国都做好了准备,西方的外交战略无论如何都无法阻止德国与俄罗斯达成政治谅解。这一教训在未来几年也是非常重要的。

---

① Niedermayer‐Semjonow, p. 58 f. , 90; *Journal of Geopolitics*, 1935, p. 81.

德国准备好了,豪斯霍弗准备好了,但希特勒却没有准备好。只要读一读著名的《我的奋斗》第十四章,人们就会发现,希特勒与豪斯霍弗对苏维埃俄国和德国东方政策的想法有天壤之别。诚然,希特勒关于德国外交政策的一般性声明包含某些很可能让豪斯霍弗满意的思想。一些想法甚至可能是豪斯霍弗原创,通过赫斯传给希特勒的:

> 如果一个大国不扩展其领土,其衰落似乎就迫在眉睫,那么拥有土地和领土的权利就可能成为一种责任和义务[150]……德国要么成为世界强国,要么不复存在。然而,要成为一个世界强国,它需要这样的规模,使它在当今世界具有必要的重要性,并使它的公民获得生命。①

这听起来完全像拉采尔的理念:

> 每个人都必须接受教育,从较小的空间概念上升到较大的空间概念……国家的衰落就是由于空间概念衰落的结果。

但是,即便不是拉采尔或豪斯霍弗的学生,人们也可以说出这样的格言。这种思想在 1918 年后的德国很流行。其他地方也有这样的思想。我们必须阅读希特勒关于德国的东方政策的更详细的想法,才能发现他对亚洲的力量和势力没有丝毫的概念,而正是这些力量和势力使豪斯霍弗和他的团队感到窒息。希特勒"知道"沙皇时期的俄国是由德国人组织和领导的,新俄国是犹

---

① Hitler, *Mein Kampf*, Reynal & Hitchcock, 1939, p. 950. [译按]下文引此书,仅随文注页码。

太人的杰作。但从长远来看，他们不可能主宰这个强大的帝国，因为正如现在德国的每个孩子都知道的那样，他们不是一个组织化的元素，而是一种"分解的发酵物"："犹太人在俄国统治的结束也将是俄国国家本身的结束。"

希特勒知道，他对东方政策的理念与俾斯麦所追求的理念不完全一致。然而，在俾斯麦的时代，俄国并不是一个"注定要衰落的国家"（页953）。与俄国结盟将导致对西欧的战争；其结果将是德国的灭亡（页957、959）。希特勒在谈到他在1914年之前的政治信仰时写道："我坦率地承认，在战前我认为，[151]最好的做法是德国牺牲毫无意义的殖民政策，牺牲商船和海军舰队，与英国结盟对抗俄国。"（页962）德国外交政策的未来目标是使德国成为欧洲唯一的大陆强国，对抗俄国和"死敌"法国，并与英国和意大利结盟（页963）。

当我们将希特勒对德国东方外交政策的评价与豪斯霍弗的概念进行比较时，从美国关于德国地缘政治的早期描述中发现的有关两人关系的暗示就被引爆了：豪斯霍弗是希特勒背后的人，是帮助希特勒撰写《我的奋斗》的神秘战略家。他的理念和计划从一开始就决定了希特勒的行动。豪斯霍弗是主导希特勒的人。更加接近事实的是，在希特勒写《我的奋斗》这本书的第十四章时，豪斯霍弗不幸错过了去兰茨贝格监狱的巴士。如果认识到这位谨慎的长期战略规划者在自己的国家所面临的不得不对抗的困难，我们就能理解之前在豪斯霍弗作品中发现的悲观主义情绪。希特勒主义浪潮的高涨和希特勒反苏俄的爆发对豪斯霍弗自己的计划非常危险。但这并没有说服他放弃谨慎的马基雅维利主义政策。豪斯霍弗知道，希特勒无法忍受矛盾，要想教育他未来的主人,就得从后门进入褐宫(Brown House)。①
赫斯的住所仍在慕尼黑,而不在苏格兰。

在希特勒争夺权力的那些年里,豪斯霍弗坚持的原则是从
不公开批评纳粹的外交政策,[152]当然,在1933年之后更是
如此。但在幕后,一场无休止的斗争仍在继续,这场斗争对数
百万人的命运起着决定性的作用。因为正是这场围绕德国的
东方大战略的秘密斗争,为现在成为历史的实际事件做了先期
准备。如果没有真正了解豪斯霍弗主义和希特勒主义之间的复
杂关系,我们就不可能判断德国地缘政治学是应用政治地理学
还是实际战略。但这很难了解,因为豪斯霍弗故意让人们蒙在
鼓里。

在1933年之前的所有岁月里,甚至在1931年和1932年这
两个具有决定性意义的年份里(希特勒的名字成为每个人的口
头禅时),《地缘政治学杂志》都小心翼翼地避免讨论任何关于
国家社会主义浪潮的问题。在豪斯霍弗1924年至1933年的数
千页杂志中,希特勒的名字出现不过十几次,豪斯霍弗本人只提
到过他一两次。

决定德国未来外交政策的斗争更加无情,因为它是在黑暗
中进行的。豪斯霍弗可能比其他人更清楚地预见了希特勒的出
现。他对这位危险而强大的梦想家不抱任何幻想。他也知道,
正在崛起的德国新军队有着一种与希特勒及其副手的精神和意
识形态截然不同的人性因素。将来有一天,军队会接替政党吗?

[153]确实不存在这种危险,即豪斯霍弗以前的同事、军官

---

① [译注]纳粹党在德国的总部,位于慕尼黑,其名称来自党员制服
的颜色。

及军事领导层将遵循希特勒在国家社会主义圣经(即希特勒的《我的奋斗》)中阐述的东方政策。在能力极强的陆军一级上将塞克特(在他那个年代,一级上将的意义远胜于今天的陆军元帅)的指导下,德国国防军(Reichswehr)完全同意豪斯霍弗对俄罗斯的评价,并冷静地拒绝希特勒关于与英国和意大利结盟对抗俄国和法国的建议。矛盾的是,希特勒与军队之间根深蒂固的意见分歧的主要特征是,豪斯霍弗和军队在这个时候并不希望发生战争。这并不意味着豪斯霍弗不希望德国在即将到来的世界革命中发挥主导作用。

很有可能,在这场战争之前的那些年里,豪斯霍弗并不相信德国会在这场即将到来的悲剧的最后一幕中成为世界的统治者。他太过怀疑和悲观,太清楚德国面临的不利因素,以至于并不指望德国能够赢得并保持世界霸主地位。但这并不意味着德国将不得不保持被动,消极地等待黑暗事件的发生,豪斯霍弗看到这些黑暗事件的阴影正在地平线上不断增长。

在豪斯霍弗和军队中最聪明的代表们看来,德国的积极作用是尽可能推迟参加即将到来的战争。他们认为,必须抓紧分秒时间来加强德国的战略地位。而要做到这一点,最好的办法是巩固德国与具有巨大潜力的苏维埃俄国的关系。[154]只有站在俄罗斯一边,德国才有希望稳定和加强自己在欧洲大陆的实力。这必须通过一种系统的政策来实现,对俄罗斯的经济体系进行指导,如果可能的话,对其进行控制,并避免与布尔什维克主义的内部政治发生任何瓜葛。希特勒的"十字军东征"行动是对为赢得精明的亚洲领导人信任所作不懈努力的最严重打击。在这项长期政策中,军队将发挥最重要的作用。

豪斯霍弗及其所在的学派非常清楚,苏维埃俄国的经济体系完全建立在俄国领导层的信念之上,即与资本主义列强的战争不可避免,国家必须为即将到来的全面战争做好准备。因此,德国军方代表的参与是自然而重要的。当俄罗斯和德国的档案有朝一日被公开时,我们将了解德国和俄罗斯军队指挥部之间的合作是多么深远。经济条约和易货贸易协议为成功的合作奠定了基础,最终使德国成为工业化俄国的主要合作伙伴。结果是否会是德国统治俄国这个巨人,这个问题对豪斯霍弗来说实在是太现实,因而无法回答。这个任务是艰巨的,但它是唯一有机会生存下来的任务。

豪斯霍弗在他的《地缘政治学杂志》中指出:"俄罗斯与德国联合起来至关重要。"①[155]他确实是这么认为的。在权衡这两个合作伙伴的潜力时,豪斯霍弗从未忘记俄罗斯幅员辽阔对建立新秩序的重要性。他在计算时也没有忘记,那个时代的俄罗斯比以往任何时候都更具有"亚洲面孔"。这使他的想象力远远超出俄罗斯帝国的东部边界,进入了中国、印度和日本海岸。在他的头脑中,豪斯霍弗预设了一个"跨大陆集团"的基础。这个集团将取代日渐老化的殖民帝国大英帝国,凭借其巨大和无懈可击的实力主宰整个世界。但这个故事,实际上是豪斯霍弗宏伟战略的要点,是下一章的内容。豪斯霍弗和他的助手们在谈到俄罗斯时所讨论的众多因素中,有一个因素比其他因素都要微妙。他们在《地缘政治学杂志》的专栏中谨慎地提到了斯大林。他们知道斯大林可以等待。他是值得拉拢的对象,他拥有俄国是否、何时以及以何种条件参加未来的战争的最

---

① *Journal of Geopolitics*, 1939, p. 773.

终决定权。①

1939 年 8 月 23 日的《苏德互不侵犯条约》是豪斯霍弗取得的最伟大胜利。导致他取得这一胜利的一系列事件的内幕故事尚待撰写。但希特勒外交政策的这一惊人变化是豪斯霍弗外交的胜利,这一点不容置疑。把元首从罗森贝格集团的影响中解救出来,这一定是一项艰巨的任务。豪斯霍弗本人至少给了我们一个暗示,告诉我们苏德集团的发起者所面临的挑战:

> [156]要克服元首的信念(即大英帝国对于世界文化和北欧种族观念必不可少)需要来自伦敦最严重的攻击。最后,轴心国、俄罗斯帝国和东亚之间不可避免的合作,以及它们作为世界救世主的角色……清晰地展现在德国人的灵魂面前。②

1936 年 11 月 25 日签订的《反共产国际协定》(Anti – Comintern Pact)使地缘政治圈的所有计划都蒙上了阴影,这一漫长而痛苦的时期终于结束了。情感和偏见将不再主导德国的外交政治。我们知道,豪斯霍弗对这种多愁善感一直嗤之以鼻。这些年来,他和他的弟子们几乎都对这个话题保持沉默,在戈培尔(Paul Joseph Goebbels)博士统治的文学和宣传领域,他们尽可能地避免赞扬罗森贝格的聪明才智。豪斯霍弗不愿详细讨论反共产国际的问题,这本身就说明了问题——尤其是如果我们记得他的儿子阿尔布莱希特的格言:

---

① *Journal of Geopolitics*,1939,p. 675.

② *Journal of Geopolitics*,1939,p. 741.

　　即使在和平时期，人们也不应该报道任何不真实的事情，但也不应该把所有真实的东西写下来。

和平的时代已经结束；希特勒和斯大林似乎成了同床共枕的伙伴，《反共产国际协定》已经失去意义。豪斯霍弗写道：

　　《反共产国际协定》的大胆构建也许是这样一种见解（即俄罗斯与德国在上一次战争中因相互作战而失败）必须跨越的边界，以教导旧世界最重要的大国。[157]它们不应再次因为意识形态上的分歧而危及双方可调整空间存在的地缘政治基础。①

的确，一切都进行得非常顺利，重大事件正在酝酿之中，俄罗斯终于坐上了希特勒的船。"谁统治东欧……谁就能统治世界。"1941年1月的《地缘政治学杂志》如是写道：

　　新的、广阔大陆空间的增长和受空中力量保护意味着大英帝国的末日。它将在这些扩张的力量之间被压垮和粉碎。随着日本成为我们的伙伴，以及俄罗斯将其资源交由我们处置，围绕英国的圈子将变得越来越紧。在地平线上，一个新的欧亚集团正在形成。它从西班牙延伸到西伯利亚，从挪威延伸到非洲。②

尽管事实胜于雄辩，但我们应该记住元首本人如何解释他

---

① *Journal of Geopolitics*, 1939, p. 773.

② W. Siewert, "Crisis of the British Sea – Power", *Journal of Geopolitics*, 1941, p. 1.

对俄罗斯友谊的转变。

1939 年 10 月 6 日,战争爆发五周后,希特勒在国会发表演讲,在回顾以波兰彻底失败而告终的波兰战役时,希特勒回顾了苏德关系:

> 最后,我现在还试图使德意志帝国与苏维埃俄国之间的关系恢复正常,并最终恢复到友好的基础上。由于斯大林先生也有类似想法,这些努力现在已经实现。我们现在已经同该国建立持久的友好关系,[158]这将为两国带来福祉……
>
> 那么,在已被承认为德国势力范围的德苏分界线以西的领土内进行条件调整,德意志政府的目的是什么?
>
> 首先,正如已经强调的,帝国边界的建立应该符合现有的历史、民族构成和经济条件。
>
> 第二,根据不同民族分配整个生存空间;也就是说,解决影响少数民族的问题,这些问题不仅涉及这一地区,而且涉及欧洲东南部几乎所有国家。
>
> 第三,在这方面,试图达成解决和安置犹太人问题的办法。
>
> 第四,为满足该地区所有居民的利益,重建交通设施和经济生活。
>
> 第五,保证整个领土的安全。
>
> 第六,建立一个波兰国家,其组成和管理方式要防止它再次成为反德活动的温床或反德反俄的阴谋中心……
>
> 对德意志帝国来说,这项计划因为不能以帝国主义的精神来进行,所以是一项需要五十年到一百年才能完成的任务……

1940 年 7 月 19 日,当希特勒再次在国会发表演讲时,希特勒与斯大林建立"持久而自由的关系"的"自由基础"似乎仍然稳定。但希特勒已经相当恼火,[159]因为有谣言称,他已经找到了自己的主人,而斯大林正在以其人之道还治其人之身,该谣言甚至在他的内部圈子里传播开来。然而,希特勒还没有准备好放弃对苏友好政策。在告诉德国人民德苏关系终于建立的同时,他试图平息自己心中悄悄滋生的恐惧和疑虑:

> 英国政客认为,除了由一些没有王位的国王、没有国家的政治家和没有军队的将军组成的同盟国的人民外,他们最后的希望似乎建立在新的复杂局面之上。他们希望通过自己在这种问题上的探索技巧来实现这种复杂局面。
>
> 一个在这些希望中徘徊的真正的犹太人相信,德国与苏联可能出现新的隔阂。德国与苏联的关系已经最终确立。其原因是英法两国在某些较小国家的授意下,一直认为德国想要征服德国利益范围之外的领土。
>
> 据说,德国一度想占领乌克兰,又说她打算入侵芬兰,还有人说她威胁到了罗马尼亚,最后人们又担心土耳其的安全。
>
> 在这种情况下,我认为应该与苏联进行直截了当的讨论,以便一劳永逸地明确界定德国认为对其未来至关重要的利益领域,以及苏联认为对其生存至关重要的利益领域。
>
> [160]在明确界定彼此的一些利益领域后,德苏关系有了新的基础。所有希望此项计划的完成可能会引发德苏之间新的紧张关系的想法都是徒劳。
>
> 德国没有采取任何超出其利益范围的措施,苏联也没

有这样做。

英国希望通过引发一场新的欧洲危机来改善自己的地位。就德国与苏联的关系而言，这是一个错误的结论。

英国政治家在掌握事实方面总是有点迟钝，但他们迟早会学会看清这一点……

接下来，作为战争转折点而载入史册的时刻到来了。希特勒命令他的军队进攻苏联。从德国的角度来看，这一行动可能是历史上最大的失误。因为，如果希特勒选择将战争推进到近东、伊朗和伊拉克，并以印度的财富为最终目标，那么 1941 年的英国将完全无法阻止他的军队前进。日本潜伏在幕后，准备与希特勒联手。如果我们的想象力足够丰富，我们可能会看到日本将自己的战略与希特勒的战略结合起来，甚至可能避免轴心国在这场战争中的另一个重大失误，即对珍珠港的袭击。那么，美国本可以被排除在战争之外。即使美国参加了战争，由于缺乏珍珠港事件的团结作用，美国也会成为一个不那么可怕的敌人。

但是，正如我们以前所看到的，在仔细观察后会发现，这些看似失误的行为往往只是自然规律的表现。[161] 我们不能忘记，1939 年的《苏德互不侵犯条约》并不是豪斯霍弗与斯大林签订的，而是斯大林与希特勒签订的。斯大林从来没有天真到会相信一个改邪归正的希特勒。只要希特勒还是德国的僭主，或者即使在希特勒之后，只要是从希特勒的核心集团中组成的小集团仍然控制着德国，任何德苏条约都犹如泥捏的，注定要失败。对希特勒来说，一个结盟的苏联在一堵无法逾越的围墙后面默默调动其巨大的力量，也许比一个公开的敌人更可怕。希特勒可能一次又一次地在愤怒和绝望中问，为什么他听从了那些建议他不要继续执行他在《我的奋斗》中明确制定的政策（即讨伐世界敌人布尔什维克主义）的声音？现在再回到他的灵感中去是不是太晚了？如果不是这样，德国人民、英国和美国难道不会最终接受他在这场划时代的"十字军东征"中的领导，并在他身上看到救世主的身影吗？赫斯飞往苏格兰。这个圈子又被关闭，希特勒又回到了他自己的"圣经"教义中。

当希特勒命令他的军队入侵苏联时，他再次向德国人民发表演说：

> 我认为，我受到良心的召唤和德国人民光荣传统的召唤，不仅要向这些国家或他们的政府澄清英国政府的断言是虚假的，而且还要通过特别庄严的声明，使东方最强有力的国家对我们的利益界限感到放心。

> [162]国家社会主义者！当时，你们可能都觉得这一步对我来说痛苦而艰难。德国人民从来没有对俄国人民怀有敌意。然而，十多年来，犹太布尔什维克统治者一直在莫斯科努力，不仅想点燃德国，而且想点燃整个欧洲。德国从未试图把她的国家社会主义世界观带入俄国。相反，莫斯科的犹太布尔什维克统治者却坚定不移地企图把他们的统治强加于我们和其他欧洲民族，不仅是通过意识形态手段，而且最重要的是通过军事力量。

> 这个政权的活动给所有国家造成的后果只有混乱、苦难和饥饿。而我，二十年来一直在努力，以最少的干预和在不破坏我们生产的前提下，在德国建立新的社会主义秩序，不仅消除了失业，而且允许工人获得更大的劳动成果份额。

通过系统地消除等级和阶级差异,我国人民经济和社会重建政策的成功使建立一个真正的人民共同体成为世界的最终目标。

因此,1939 年 8 月,我费了九牛二虎之力才派我的外交部部长前往莫斯科,努力反对英国对德国的包围政策。

我这样做完全是出于对德国人民的责任感,但最重要的是希望能永久地缓解紧张局势,并能够减少可能要求我们做出的牺牲……

虽然直到现在我还是迫于形势[163]一次又一次地保持沉默,但现在已经到了这样的时刻:继续作为一个纯粹的旁观者不仅是一种不作为的罪过,而且是对德国人民的犯罪,是的,甚至是对欧洲的犯罪……

德意志人民! 此时此刻,一场在世界历史上空前绝后的大规模战争就要开始了……①

豪斯霍弗曾写道:"它们不应再次因为意识形态上的分歧而危及双方可调整空间存在的地缘政治基础。"对俄战争不仅对地理学家豪斯霍弗,而且对军人豪斯霍弗来说,都是一个巨大的打击。他的学派从未忘记最重要的地缘政治真理:

袭击一个幅员辽阔的国家的人必须赢得胜利。但这种胜利并不是把敌人赶得越来越远,直到占领他想要的那块土地。

在这种情况下,一篇题为"空间就是武器"(Space as a

---

① 希特勒讲话中的引文摘自《重要演讲》(*Vital Speeches*)中的译文。

Weapon)①的文章指出,这样做就给了敌人时间和机会,让他们在自己国家广阔的未占领地区进行重组,并调动这些广阔空间的所有资源,以继续一场漫长的战争。因此,"对这样一个帝国的战争,只有通过尽可能迅速地摧毁敌人的军队才能取得胜利"。这句话是针对中日战争写的,结论是:"空间使中国得以生存,因此(日本人)最好还是讲和。"同样的原则也适用于俄罗斯。[164]1934 年出版的一篇文章②指出,拿破仑的失败和法尔肯海因(Falkenhayn)将军 1915 年行动失败的原因是他们允许俄国人通过继续撤退来利用空间。其结果是,入侵者在自己和兵力来源之间的空间越来越大,而防御者则越来越接近他们的力量来源。这篇文章的结论是,在对俄战争中,从一开始就必须以包围和彻底消灭俄国军队为目标,然后才能成功撤退。在这里我们可以看到,大约在对俄开战的七年前就已经预见到1941 年德国的钳制和包围行动。

在斯宾格勒的《决断时刻》中也可以找到关于对俄战争基本原则的相同概念:③

> 这个地球上最强大的内陆地区(俄罗斯)的人口从外部来看无懈可击。在政治上和军事上,距离是一种力量,至今仍未被征服。拿破仑自己也不得不吸取这个教训。占领领土,无论多么巨大,对敌人有什么好处呢? 为了使所有袭击都成为不可能,布尔什维克已经将他们的体系重心转移到更远的东部。所有对权力政治至关重要的大工业区都建

---

① *Journal of Geopolitics*,1938,p. 705.

② *Journal of Geopolitics*,1934,p. 449.

③ *Years of Decision*,Munich,1933.

在莫斯科以东,大部分在乌拉尔山脉以东,直到阿尔泰,南部一直到高加索地区。莫斯科以西的整个地区——白俄罗斯、乌克兰,曾经是沙皇帝国最重要的部分,如今成了对抗"欧洲"的神奇冰川。它可以在整个体系不崩溃的情况下被牺牲。[165]但同样,任何从西方发动进攻的想法都变得毫无意义。这将是向空旷空间的推进。

慕尼黑学派认为,对空旷空间的推进不仅是首要的地理和战略因素。空间、气候和景观也是最重要的心理因素。豪斯霍弗学派的人知道,从心理学角度来看,必须把俄罗斯的广袤空间视为敌人,它强大而可怕,足以告诫任何军队不要肆意进攻。1934 年,《地缘政治学杂志》发表了一篇关于拿破仑对俄战争的战争地理学的重要文章。① 文中关于 1812 年俄国地表景观对法国士兵心灵的决定性影响的评论,希特勒在下令入侵俄国之前应该读两遍。这篇文章引用了西格尔伯爵(Count Segur)的日记。他的言论是心理学和地缘政治学评论方面的杰作:

> 在德国,一直到奥得河(River Oder),有无数的东西让士兵们不断地想起法国。我们的年轻人感到并没有与祖国完全分离。人们看到他们在那里充满了勇气和精神。但过了奥得河,在波兰,那里的居民、出产、土壤、服饰风格、习惯,甚至房屋都给人以陌生的印象。没有任何东西能唤起他们对迫切渴望的祖国的记忆,他们开始怀疑自己走过的艰难道路。痛苦和疲倦的表情开始在他们忧郁的脸上显现出来。[166]他们觉得,把他们与法国隔开的空间是多么

---

① *Journal of Geopolitics*,1934,pp. 449 – 461.

广阔啊。即使连返回的想法都令人沮丧,他们仍然不得不前进,永远前进。在令人不安的压力下,他们行进在广阔、寂静、幽暗的松树林,忍受着不祥的孤寂。他们对自己在这无边无际的孤寂中变得虚弱感到害怕。他们被神秘的恐惧所困扰,不愿深入黑暗。

豪斯霍弗以及与他一起的德国总参谋部都知道这一切。他们知道"距离是一种尚未被征服的力量",知道对抗欧洲的"神奇的冰川"。但希特勒知道得更清楚。

第七章　地缘战略与太平洋

"试也没有用的，"爱丽丝说，"人不可能相信不可能的事情。""那我敢说是你练习得不够多，"女王说，"当我像你这么大的时候，我每天都练习半个小时。你知道吗，有时候早饭还没吃，我就已经相信六件不可能的事件了。"

——卡罗尔

[167]"我热爱那些渴望不可能的人。"歌德的这句话可能是在描述豪斯霍弗。豪斯霍弗的思维围绕着全球，他的哲学涵盖地球上最遥远的地区和海洋。他被看似不可能的事情所吸引。豪斯霍弗的浮士德本性和他的民族浪漫主义，其中包括德国政治思想的许多特征，是比豪斯霍弗博士或多或少重要的解释更重要的因素。它们解释了当今和未来德国的抱负和政治趋势。

豪斯霍弗关于太平洋的理论比德国地缘政治学的任何其他阶段都更能体现其全球观点。印度－太平洋领域是豪斯霍弗的真正领域。[168]在与三位最活跃的合作者撰写的关于地缘政治学的历史基础的分析报告中，他将自己的贡献描述为涵盖"季风空间——亚洲和太平洋"。① 豪斯霍弗和他的团队认为，

---

① *Building Stones of Geopolitics*, 1928, p. 16f.

这一贡献是一项重大成就,他们的地缘政治学已经超越拉采尔和契伦的概念。

除了定期的月度评论外,豪斯霍弗还撰写了三十多篇研究报告。他于 1924 年首次出版的《太平洋地缘政治学》无疑是他最重要的作品,也是德国地缘政治学的圣经。其副标题"地理与历史之间关系的研究"(*Studies on the Relationship between Geography and History*)表明,这本书的目的不仅仅是分析太平洋地区的地缘政治特征。豪斯霍弗为什么决定将他的观察重点放在太平洋地区,这绝不仅仅是因为学术兴趣。正是在这里,他把我们带到德国地缘政治学的核心,即它对军事思想的影响及全球战争战略。在 1927 年第二版(1938 年发行第三版)的导言中,豪斯霍弗宣称,太平洋地缘政治学的概念已经成为中欧政治世界观当中的一股生力军,"是其公众舆论的合法监护人手中的锋利武器"。此外,豪斯霍弗主义与太平洋空间的关系再次揭示了苏联在豪斯霍弗建立"德国领导下的欧亚大陆权力集团"这一计划中所发挥的决定性作用。1941 年 6 月 22 日,希特勒挫败了一项长期计划,[169]粉碎了豪斯霍弗为德俄日跨大陆联盟所做的准备工作。这一联盟注定要毁灭海权及其帝国。

拉采尔在大约五十年前提出"空间增长规律"的概念。这个概念自然而然地把豪斯霍弗引向世界上最大海洋空间的海岸。他将太平洋视为一个势力领域,现在,太平洋正在慢慢觉醒,有史以来首次意识到自己是最大的陆地海洋空间之一。慕尼黑的这位旁观者远非处于冷静和学术的状态。早在 1908 年第一次去日本时,豪斯霍弗就明白东方新兴力量的崛起对欧洲的未来意味着什么。他写道,"一个巨大的空间正在我们眼前扩展","各种力量涌入其中,冷静而现实地等待太平洋时代的到来。太平洋时代是正在老化的大西洋、已经老化的地中海和小欧洲时代的继承者"。① 罗斯福(Theodore Roosevelt)在谈到大西洋时代的资源不断减少并预言太平洋时代即将到来时也提出了同样的观点。但豪斯霍弗说得更具体。从位于中欧的办公桌上,他得出了实际的但长期的政治结论。这一结论始终遵循兰克(Leopold von Ranke)教授的基本政治课程,即"政治就是在大国冲突中,在思想和现实领域维护和促进自身的利益的尝试"。

1918 年豪斯霍弗解散他的部队时,立即开始设计最大规模的计划。他知道这场战争毁掉的不仅仅是德国,[170]还有整个欧洲。他总是不厌其烦地讲述基钦纳(Kitchener)勋爵对他说过的话。1909 年,在加尔各答附近的威廉姆斯堡,基钦纳在炉边谈话中说道,他反对即将到来的英国和德国之间的战争,因为它将永久性地摧毁欧洲在太平洋地区的统治地位,美国和日本将是这场战争的唯一获利方。

由于自尊心深受冒犯,由于仇恨羞辱过自己祖国的强权,豪斯霍弗有动力以宿命论(有时甚至带着恶意的喜悦)去欢迎他认为的有色人种世界的崛起和白人种族末日的来临。这种"我死后哪怕洪水滔天"(apres nous le deluge)的情绪是豪斯霍弗所有思想的特征,特别是当他指出白人胜利者允许日本人接管前德国太平洋岛屿而犯下的致命错误时。

在日德兰战役(battle of Jutland)②中担任德国舰队总司令

---

① *Journal of Geopolitics*,1925,p. 63.

② [译注]日德兰海战(1916 年 5 月 31 日至 6 月 1 日)是英德双方在丹麦日德兰半岛附近北海海域爆发的一场大海战,是一战中最大规模的海战。

的希尔(Reinhard Scheer)上将也有同样的想法。他以一种预言性的方式将其应用到美国和澳大利亚的关系中。希尔的声明意义重大,因为,用一位德国最高级官员的话来说,它表明豪斯霍弗的观点与德国的军事思想完全一致:

> 我认为,英国现在已意识到,允许日本占领先前属于德国的太平洋岛屿是一个错误。如果这些岛屿仍然是德国的,利益冲突就可以避免,因为德国在这些水域就不会令人害怕。现在这些岛屿已经成为英国向日本提供的扩张桥梁,[171]邀请日本走出国门,从一个海军基地走到另一个海军基地,深入太平洋。这座桥趋向于包围澳大利亚。地图上显示出绕澳大利亚的两个半圆。日本正跨越其中一个,而这种危险已经变成现实。换句话说,英国把自己的女儿澳大利亚交给了在太平洋有着相同利益的美国。
>
> 从纯粹的战略角度出发,抛开凡尔赛会议时被遗弃的情感和理想,我认为美国本应该接管德国的马里亚纳群岛,作为她的战利品。如果美国这样做,就不会被指责为军国主义,而日本也会被限制在更小的行动范围内。然而,事实证明,澳大利亚更接近美国,这对双方都有好处。①

对豪斯霍弗来说,德国在太平洋地区丧失立足点意味着他可以宣称,德国和日本的重要目标在任何地方都不会再有重叠。德国发现自己处于最幸运的地位,因为她是唯一有能力目睹太平洋地区的革命性变化而不必担心这些变化会直接影响到自己

---

① George Seldes, *You Can't Print That! The Truth behind the News*, 1918—1928, New York:Payson & Clarke Ltd, 1929, p. 59.

的大国。但这并不意味着德国对太平洋地区即将发生的事件不感兴趣。恰恰相反。豪斯霍弗狡黠地思考着：

> 也许,我们将出人意料地面临一个用建议或行动进行决定性打击的机会。它将在一个晚期和成熟的时候发生,我们必须静静地等待……耐心能让人最终达到自己的目的,一切都属于懂得等待的人。①

他说,德国因此可以赞同"亚洲人的亚洲"的呼声,[172]并准备在"文化政治共生"的基础上与日本展开新的合作。②

　　以下引文摘自 1924 年版的《太平洋地缘政治学》,这本书包含豪斯霍弗太平洋哲学的全部内容,并揭示了其怨恨和宿命论的根源：

> 通过一项可怕的决定(其后果对那些做出决定的人来说也极其严重),我们自己的种族拥抱海洋的文化和经济力量已经将我们从他们中间驱逐出来。他们让我们确信,只有他们的毁灭和分解才能为我们这些现在被肢解和奴役的人创造另一种生活。这就迫使我们去寻找有相似境遇和命运的同伴。我们在九亿东南亚人身上看到了这样的灾难伙伴。东南亚人同我们一样,为争取自决权而斗争,反对一样的压迫者。但他们在某种程度上使用了更有效的武器,这些武器由印度洋和太平洋的生存环境所制造,是太平洋地缘政治学的武器库。我们看到,在这些地方,惩罚性正义

---

① *World Politics of Today*,1937,p. 135.

② *Geopolitics of the Pacific Ocean*,p. 162.

的结果一部分正在筹备中,一部分已经完成。我们那些无情的经济和政治敌人和压迫者将感受到这一点。

自决权是这一概念中的一个强大的主题。但这与威尔逊的理想是多么不同啊!对于拉采尔首先明确定义的信念,即每个民族都必须接受从较小空间到较大空间概念的教育,小国的自决权并不在其中。[173]豪斯霍弗坚信,空间观念的衰落导致衰败。

因此,他把目光从欧洲转向太平洋广大地区刚刚觉醒的人们:

> 德国人被抛回到最低限度的生存状态,从太阳下被驱赶到阴影中,与自由的海洋隔绝,甚至在 1936 年之前被剥夺了在自己国内的河流自由通行的权利。德国人发现,在印度洋－太平洋地区的海滩上,地球上三分之二的人都是同样的受害者。他们渴望挣脱同样的枷锁,渴望同样的解放,渴望实现国家和个人的最高目标,即受自身法律支配的自由人格。这就是为什么德国人不能失去与太平洋的联系的根本原因。①

通过研究太平洋,德国人将重新学会在大空间概念中思考和感受。德国希望在世界历史的大悲剧中扮演自己的角色,如果可能的话,豪斯霍弗将担任主要导演之一。在这场悲剧中,世界上最大陆地的人民将摆脱海洋强国以及老化殖民帝国强加给他们的监护权。他在 1924 年写道:"印度和中国为摆脱外国统

---

① *Geopolitics of the Pacific Ocean*, 3rd ed., p. 105.

治和外国资本主义的压迫、争取解放的斗争与中欧的秘密梦想一致了。"①豪斯霍弗将自己的世界观与拿破仑战争后坎宁的世界观进行了比较。当欧洲因空间狭小而陷入瘫痪时，[174]坎宁通过承认近东和南美的独立运动，为维多利亚时代早期几乎毫无风险的扩张奠定了基础。

> 印太力量正朝着同样的方向发展，越来越自信地向外界寻求帮助……他们向德国寻求帮助，也正是通过德国，他们应该对自己的地缘政治学基础有更深入的了解……这些即将到来的事物的本能已经成为一股生机勃勃的力量。小国自决的战斗口号曾被用作欺骗世界的临时战术手段，现在却被用来对付它的发明者。它唤醒了小国的大邻国的自我意识，唤醒了伟大文化空间的自我意识，这些文化空间因其土地长久以来的表现而联系在一起。突然之间，与其他文化领域一样被折磨了数千年的中欧文化领域开始意识到一个包容世界的共同体和命运。它感到自己从人为的孤立中解放出来。它看到自己被接纳到地球上为空间而奋斗的共同体中。正是由于这个原因，季风地区的地缘政治巨人和他们九亿人争取自决的斗争也意味着中欧人民的命运。

豪斯霍弗的所有这些愿景都必须在其悲观主义和宿命论的背景下加以看待。② 因为与东方崛起的巨大新生力量相比，豪斯霍弗对中欧这个老迈的小世界的渺小并不抱任何幻想。然而，作为德意志民族，特别是其军事和政治领导人的自封教育

---

① *Geopolitics of the Pacific Ocean*, p. 132.

② A. Horlings, *The New Republic*, 7 July 1941, p. 11.

家,他感到自己必须承担重大责任。[175]他们决不能气馁。他们必须对德国在世界上的使命保持信心。豪斯霍弗很少流露出近乎绝望的悲观情绪。然而,希特勒上台后的一句话却让我们看到其字里行间隐藏的恐惧:

> 我们聆听时间在印度-太平洋空间的行进,那里的前沿阵地迄今(1934年)已被占领数千年,这一行进将决定巨大空间及其人类大众的命运。想象一下,它会在小欧洲发生的事件引起的同样的骚动中成形! 如果是这样的话,时间在太平洋上空行进引起的雷雨将震耳欲聋,以至于我们都听不懂自己说的话。

"更糟的是,"他无可奈何地补充说,"我们再也无法理解自己为什么要这么大声喊叫了。"①1940年,当德国的胜利达到巅峰时,豪斯霍弗在为公众撰写的一本地缘政治入门书的结尾处写下了如下悲观之语:

> 每个人都有能力更好地进行生存斗争,适应最严酷的条件——如果这是他的命运的话——至少是成为一个明智、正直的人,与贺拉斯引以为傲的罗马名言一样:即使整个世界都分崩离析,他也将一往无惧(Si fractus illabitur orbis—impavidum ferient ruinae)。②

或者,就像斯宾格勒所说,我们的自由仍然是在执行任务时手握利剑死去,就像在庞贝古城中发现的罗马士兵一样。

---

① *Journal of Geopolitics*,1934,p. 770.
② *World Politics of Today*,p. 294.

难道豪斯霍弗对白种人的团结没有感觉吗？如果是这样，他会故意[176]有时甚至是冷嘲热讽地谴责这种态度。他说，"建立一个白种人集团不是德国人的责任。这个集团被那些在莱茵兰地区①使用有色人种部队来镇压白人种族的人粉碎了。相反的假设'世界上受压迫的人民，团结起来！'"②在道德的基础上可以说更有道理。下面这段话更加直言不讳：③

> 为了自卫，我们必须帮助解放那些必须起来反抗我们的压迫者的有色人种，以抵制我们必须遭受的来自半非洲大国（法国！）未开化的有色人种的压迫。这样，我们将掌握太平洋地缘政治的未来战略路线，并有可能在世界政治中积极分享我们被取代的领域。

或者，他谈到日本人口在我们这个时代的快速增长：几个世纪以来，日本人口总数一直是三千万，但突然上升到一亿"直接公民"和三千五百万"或多或少依靠"日本联邦的成员。在美国更广阔的空间里，还有足够的空间容纳数百万人。"那么，确实有黄祸吗？"他问道。"不，大西洋上所谓的黄祸，恰恰是太平洋上所谓的白祸。这些口号相得益彰！"④

由于德国地缘政治学和豪斯霍弗主义在今天实际上是一样的，我们必须考虑到将豪斯霍弗这个人与东方，特别是与日本联

---

① ［译注］德国的 16 个州之一，也称"莱茵河左岸地区"，包括今北莱茵－威斯特法伦州，莱茵兰－普法尔茨州。

② *Journal of Geopolitics*, 1928, p. 1040.

③ *Geopolitics of the Pacific Ocean*, 1st ed., p. 242.

④ *Geopolitics of the Pacific Ocean*, 3rd ed., p. 100.

系在一起的强大纽带。事实上,如果不是豪斯霍弗决定把世界的这一部分作为他所有计划的中心,德国的地缘政治永远不会把它的利益集中在远东。[177]他不仅在《太平洋地缘政治学》中试图拉近东方与德国人民的距离。他1911年写作的博士论文所研究的是日本权力的地理基础,1913年出版了《大日本:反思大日本圈的军事力量、世界地位和未来》(*Dai Nihon: Reflections on Great - Japan's military power*)。他关于日本的其他书籍在1914年、1920年、1922年和1923年相继问世。日本和中国给他留下了一生中最深刻的印象,这些印象在德国地缘政治和德国政策上留下了永久的印记。1908年9月的一天,豪斯霍弗出人意料地接到命令,立即前往日本担任两年的军事观察员。这不仅是豪斯霍弗人生的转折点,也是在历史上具有决定意义的事件之一,尽管我们的教科书中没有提到。

奥托·摩尔(O. Maull)教授是德国地缘政治学的杰出代表,也是多年来与豪斯霍弗关系密切的挚友。他在1929年作证时称豪斯霍弗成了日本的地缘政治顾问。① 豪斯霍弗和他的学派对日本陆军、海军和工业领导人产生了深远的影响。多年来,与熟悉德国情况的美国人相比,在日本生活过的美国人更熟悉豪斯霍弗的名字。日本比其他国家更早、更彻底地接受德国地缘政治学的基本思想,尽管德国的地缘政治充斥着日耳曼式的言辞。"地缘政治"和"大空间经济"(Grossraumwirtschaft)成了日本政界重要派系熟悉的口号。[178]"大东亚共荣圈"的概念是他们对德国"大空间经济"热切研究的结果。然而,与希特勒的手下相比,豪斯霍弗在日本的学生甚至更加无法理解豪斯霍

---

① *Journal of Geopolitics*,1929, p. 801.

弗试图使德日与苏俄和解的努力。1939 年 8 月苏德条约签订后,豪斯霍弗在日本的影响力急剧下降。豪斯霍弗经常在杂志专栏中表达他对"误解"的深切遗憾。

《太平洋地缘政治学》不仅是对地理区域的政治研究,同时也是为德意志民族提供一个全球视野所急需材料的尝试。只有这样的全球视野才能让德国人"看到"即将到来的"草原强盗和海洋强盗"之间的冲突。这是豪斯霍弗从麦金德那里借用的一个最喜欢的说法。豪斯霍弗不是用教科书的语言而是用看到世界革命曙光的艺术家和梦想家的语言,讨论一个又一个重要的话题。在这里,我们只能触及他对太平洋东南边缘地区人口压力问题的分析,与澳大利亚城市化的巨大空旷空间及其近亲繁殖问题形成对比,这是"没有人的空间"。他反复指出,与亚洲和澳大利亚"死气沉沉的心脏地带"以及美国"孤独之地"形成鲜明对比的是,亚洲边缘地区的人口密度稳步增加。豪斯霍弗认为,太平洋地区和大西洋地区的国家机构有一个根本的区别。[179]太平洋地区的所有国家都表现出导致独裁和开发其原有生存空间的向心趋势。另一方面,他认为大西洋和中欧世界的特征在于其扩张性的、溢出的离心倾向。但是,当豪斯霍弗作为自我意识太强的先知进入形而上学领域时,人们必须对他的推测持保留态度。

德国和日本都是《太平洋地缘政治学》的背景,字里行间都能看见其身影。这种结合以及将太平洋地区与相对较小的德国空间联系起来的做法,使该书成为实用政治的工具。

日本是东方世界革命的核心。豪斯霍弗在那里度过的两年使他偏爱日本而反对中国。他喜欢指出,经常被指责为军国主义的日本在两个半世纪里一直保持和平,直到美国和西方国家教会她如何"通过防御攻击来保证自己的生存空间"。① 就连他自己的弟子也对豪斯霍弗支持日本的情感偏见感到不安。他们在字里行间谨慎地表达了批评,并将他的亲日情绪解释为"迷人的日本自然环境中的热情好客"。更有趣的是,这位作者还提出一个问题,如果豪斯霍弗在谈到"北欧日本人"时把他们称为"北方日本人",②这样会不会更好一些?

　　豪斯霍弗将日本视为拥有"雅努斯双头"(Janus‑head)③的国家,一侧凝视太平洋,另一侧凝视大陆。(豪斯霍弗并不是第一个将日本看作亚洲雅努斯的人。[180]马可波罗写道,"在兹潘古岛(Zipangu)④,他们的神像被塑造成各种各样的形状……有的则是一个头两张脸的样子",这距今已经过去六百五十多年。)过去,由于地处海岛,日本总把目光投向海洋。直到本世纪,她才以最出色的风格开始其大陆扩张。

　　随着时间的流逝,即使是豪斯霍弗也不禁对日本在其大陆冒险中的机会产生怀疑。他在1938年问道:

　　　　权力和目的能否保持平衡?或者,泛亚地区对世界统治的追求是否会使这个孤立的岛国超越其实力的极限?她的领导人是否准备好了从大陆而不是海洋的角度来考虑问

---

　　① 　*Geopolitics of the Pacific Ocean*, p. 310.

　　② 　Fochler‑Hauke, *Journal of Geopolitics*, 1935, p. 135; 1939, p. 151.

　　③ 　[译注]在罗马传说中,雅努斯是罗马人的门神和保护神。他的头部前后有两副面孔,一面回顾过去,一面眺望未来。

　　④ 　[译注]在《马可波罗游记》中有一段关于Zipangu岛屿的描述,一般认为Zipangu就是日本国。马可波罗采用的元朝时期汉语中日本的发音Zipangu。

题,因为要完成如此深远的任务,他们就必须这样考虑。①

在中国,大师向弟子们取经。豪斯霍弗一次又一次地试图说服自己,日本总参谋部可能有充分的理由大规模地进攻中国。但这是徒劳。在中国和日本的年轻人所做的报告,很可能还有法肯豪森(Alexander von Falkenhausen)将军领导的德国驻华军事顾问团的报告,这些都开始动摇他对日本在中国的战争命运的信念。法肯豪森坚信中国会取得最后的胜利。我们可以看到豪斯霍弗如何与这种承认日本战神可能失败的行为做斗争。他自豪地称这些战神为自己的私人朋友。起初,当豪斯霍弗允许在他的杂志上发表关于日本可能战败的意见时,他还附带了这样的说明:[181]"对我们在中国的这位最有才华和热情的记者根据他在中国的经验提出的这个大胆的个人意见,我们概不负责。"②这一"大胆的个人意见"只是重复豪斯霍弗主义应用于中日事件的一些最基本的教训:

> 战争之初,大多数人,包括侵略者自己,在预测和权衡对方的实力和胜利的机会时,忘记了考虑或误判了决定性的因素——中国的广阔疆域……中国的领土确保了它的生存。

豪斯霍弗一直在思考日本从未遭受过失败的事实。他悲伤地向日本朋友引述一位日本领导人二百五十年前说过的话:"这片从未经历过失败的土地有祸了。"

---

① *Journal of Geopolitics*,1938,pp. 937 – 942.

② *Journal of Geopolitics*,September 1938,translated in Eurasia p. 539.

这就是他在 1938 年对日本的未来的看法(必须强调的是,
这与他自 1924 年以来在《地缘政治学杂志》中所写的警告性内
容基本没有区别!):

> 符拉迪沃斯托克(海参崴)是日本海军"骄傲的海洋面
> 孔"唯一无法控制的地方。这里可以派出轰炸机中队和 U
> 型潜艇攻击日本最脆弱的交通要道和通讯中心。此外,苏
> 联和美国在太平洋北岸合作的可能性与日俱增。柏林—罗
> 马—东京轴心如果在美国所扮演的角色方面自欺欺人,那
> 将是一个巨大的错误。美国与轴心国的对立,使它有可能
> [182]在华尔街的超级资本主义与莫斯科的布尔什维克主
> 义之间的深沟上架起一座桥梁。①

但日本已经在这片大陆掷下了赌注。在豪斯霍弗看来,日
本和中国就像两只张牙舞爪的巨虎,在一场殊死搏斗中相互厮
杀。哪一方会灭亡?"骑虎难下",豪斯霍弗多次引用日本和中
国的这句古老谚语。"骑在老虎身上的老虎就更无法下来了!"
在豪斯霍弗看来,一个是日本巨大的民族主义精神,另一个是一
个统一中国的民族意识的重生,恰是日本将这种意识唤醒了。

豪斯霍弗充分意识到这一即将发生的悲剧,多年来一直试
图说服日本与中国和俄罗斯达成和解,并在世界的另一边敦促
希特勒与俄罗斯和平共处。

当然,说服希特勒是首要问题。我们看到,《地缘政治学杂
志》的编辑们一贯主张与俄罗斯和解并建立友谊,而希特勒对
宿敌布尔什维克主义的讨伐完全没有影响他们的判断。从

---

① *Journal of Geopolitics*, 1938, pp. 937–942.

1924 年开始,他们就撰文赞成建立一个包括俄罗斯、日本、印度和中国在内的亚洲联盟,并以德国为合作伙伴。1925 年,一位编辑写道:

> 德国必须决定自己的立场;她是想成为盎格鲁-撒克逊大国及其超级资本主义的附属国,与其他欧洲国家联合起来对抗俄罗斯,还是想成为泛亚联盟的盟友,对抗欧美?①

[183]人们可以引用奥布斯特教授②早在 1925 年的一篇文章来概括慕尼黑学派对俄罗斯的态度:

> 没有哪个国家比德国更接近俄罗斯。只有德国才能理解俄罗斯的灵魂。德国与俄罗斯几个世纪以来一直是朋友。它们的经济结构是互补的。他们必须休戚与共。

1939 年 8 月 23 日,苏德互不侵犯条约签订后,豪斯霍弗写下祝词:"德国与俄罗斯再也不会因意识形态冲突而危及其地缘政治关系。"

1932 年 2 月,豪斯霍弗表达了他对俄国,尤其是斯大林在远东地区外交政策的看法。关于美国与俄罗斯未来政治关系的

---

① *Journal of Geopolitics*,1925,pp. 1 - 9.

② 奥布斯特教授是俄罗斯问题专家、自由主义者,也是豪斯霍弗最早和最亲密的合作者之一。1932 年,由于一场斗争,他和奥托·摩尔被逐出《地缘政治学杂志》。这场斗争最终以豪斯霍弗王朝(豪斯霍弗父子)对《地缘政治学杂志》的掌控而告终。1932 年以来的德国地缘政治学可以正确地称为豪斯霍弗主义。

总结性发言也很好地说明了他的地缘政治预测：

> 莫斯科与欧亚国家对印度、东亚和近东事态发展所持的态度值得更多的关注。莫斯科是否准备在适当的时候采取行动？这种行动是受俄罗斯的国际政治观念支配，还是受世界革命意识形态的支配？对日政策将是对她的考验。斯大林极其谨慎的政策被解释为……这位俄罗斯领导人不能掌控自己的决定。[184]我认为这是错误的，在我看来，斯大林的政策似乎源于对形势的更好的理解，比西方所能感知的要好得多……在莫斯科，人们比在其他地方更清楚地知道，在强大的亚洲态势中，谁能成功地让别人最后看穿他的计划，谁能最终在权力中心掌握主动权，谁就是赢家。人们也确切地知道来自日本的危险的极限，知道在哪里可以避免日本的侵略性渗透。莫斯科以高超的技巧，把选择权交给了神经脆弱的北美人；对于这种假设，确实有迹可循。①

多年来，豪斯霍弗以联合俄德的耐心和远见努力引导日本实现他的最终目标——即欧亚大陆集团。他深深感到自己不仅是德国的地缘政治领航者，也是日本的地缘政治领航者。《太平洋地缘政治学》及其对印度－太平洋群岛的月度评论都是写给德国人和日本人的。这是一项艰巨的任务，他试图让日本看到与苏联建立地缘政治友谊的好处。巴伐利亚阿尔卑斯山脉的另一个度假胜地被证明具有更强的吸引力，这并不是他的错。

"如果旭日东升旗与锤子镰刀旗的国家能够结束彼此的不

---

① *Journal of Geopolitics*,1932,p. 132.

信任……那么他们就能在国内海域战无不胜。"①1940 年 5 月,
豪斯霍弗如此描绘未来的日俄关系。[185]对日本和德国来
说,与苏俄这个"历史的地理枢纽"达成和解是"命中注定"。
1904 年,麦金德爵士首次向豪斯霍弗提出这一观点。他从未忘
记这一点。日本和德国是内陆线的两个站。在飞机和铁路的时
代,内陆线使大陆大国相对于老化的海上大国具有决定性的优
势,但在这两个站之间是苏俄。"地缘政治的未来将属于俄罗
斯—中国集团。"因此,豪斯霍弗总结道,日本必须协调自身与
苏俄的目标。最后,豪斯霍弗似乎成功说服了日本。1941 年 4
月 13 日,在德苏条约签署 9 个月后,日本和苏俄之间终于缔结
互不侵犯协议。双方同意建立和平友好关系,并郑重承诺尊重
彼此国家的领土完整。两个月后,日本"建立欧洲和大东亚新
秩序"运动中的盟友德国通过正面进攻揭开了苏俄大戏的序
幕,根本没有人对这份协议的空洞措辞给予太多关注。

　　1939 年 8 月 23 日和 1940 年 4 月 13 日的条约以及 1942 年
6 月 22 日的重大事件记录下了德国和日本对苏俄态度的迅速
变化。在这种背景下,豪斯霍弗的战略具有绝对稳定的特点。
例如,1924 年,他表达了跨大陆理念,这一次着眼于美国:

　　　美国伪善的言辞无法掩饰其对庞大的欧亚铁路和大陆
　　政策以及[186]对旧世界广袤空间的组织的焦虑。这种未
　　来的可能性是那些思想受到美国空间概念影响的人想象出
　　来的,而苏俄和德国都没有意识到这一点。这种组织确实
　　是东亚流离失所的欧亚大陆各国人民的最终目标和可能的

----

　　①　*Journal of Geopolitics*,1940,p. 292.

未来。合乎逻辑的开端本应该是日苏和解,并大规模解决
所有悬而未决的问题。①

豪斯霍弗提出的以德国、苏俄和日本为最强大成员的跨大陆集
团的概念,是其德国大战略的决定性部分。我们发现,他早在
1924 年提出的以下文字最能表达他对未来的计划:

> 遭受践踏和虐待、失望和欺骗的中欧只有四个解决办
> 法:依靠盎格鲁－撒克逊大国,并永远依赖它们,从而分担
> 它们用海权的力量奴役各国的罪责。第二种解决办法是建
> 立一个小型的大陆组织。这意味着中欧将在国际联盟的支
> 持下成为法国的永久附属国。只有经过几个世纪和灾难性
> 的战争之后,德国才能够打破这些枷锁。第三种可能是在
> 黑红黄(魏玛共和国旗帜的颜色)狭隘的"生存空间"内带
> 着怨恨的情绪默认或者模糊地希望在未来得到帮助……而
> 第四个解决方案则是通过欧亚大陆集团这一灾难来
> 实现。②

[187]为了实现这一最终目标,日本已经深深卷入她与中
国的"事件"。最不幸的是,日本既不能也不愿意结束这一事
件。豪斯霍弗越来越意识到,他必须动用所有能量来说服在日
本的朋友们,即让他们相信与中国达成协议符合他们的切身利
益。我们已经指出,他对日本在战争中取胜的机会变得越来越
悲观。豪斯霍弗所梦想的是一个向南和向西扩展进入浩瀚太平

---

① *Geopolitics of the Pacific Ocean*,1st edition.
② *Journal of Geopolitics*,1924,p. 820.

洋的大日本。然而,这取决于日本与中国和俄罗斯的和平关系。
1924 年,他写道:

> 日俄关系的摩擦越小,盎格鲁－撒克逊人和中国人实
> 施分而治之政策的可能性就越小。日本与俄罗斯如果联合
> 起来,在东亚是不可战胜的……一个由俄国领导的蒙古,一
> 个由日本领导的南满洲,以及它们之间的缓冲区……这可
> 能是一个比凡尔赛所有体系建构更持久的组合……日本可
> 能会成为旧世界大陆政治中具有大陆意识的伙伴。(豪斯
> 霍弗称其为"从莱茵河到阿穆尔河和扬子江的欧亚大陆组
> 织"。①)这将使日本在太平洋地区得到完全的保护和行动
> 自由,这是一种具有巨大影响的地缘政治可能性,不仅对日
> 本和俄罗斯,而且对中欧及其敌人都是如此。②

在太平洋地区采取行动! 在 1930 年写的评论中,[188]豪
斯霍弗关于未来大战略的概念比通常表达的思想更加坦率:

> 日本人口过剩问题的最终解决办法是向阻力最小的领
> 域扩张……此时,日本的战略仍然告诫她不要直接攻击澳
> 大利亚。但我们不应忘记,今天澳大利亚北部和东北部的
> 热带地区只为几千名白人提供住所,尽管他们可以为三千
> 万人提供家园。③ 炎热和潮湿使这些空间不适合白人大规

---

① *Journal of Geopolitics*,1930,p. 961.

② *Geopolitics of the Pacific Ocean*,1st ed. ,p. 142.

③ 德国地理学家彭克(A. Penck)曾估计,澳大利亚可以容纳 4.5 亿
人,是目前人口的 75 倍。

模殖民;这里的气候更适合日本人。①

在这方面,值得注意的是豪斯霍弗对美国的批评,美国由于其"庞大的殖民空间结构",无法理解人口压力在东亚和中欧造成的困境。一个叫鲍曼②的美国人对日本的人口密度印象深刻,并承认"它必须溢出其边界",对此豪斯霍弗写道,"这是一个例外"。③ 然而,豪斯霍弗忘了说,鲍曼补充说"(这种溢出)如果不是靠人口,那就是靠出口"。豪斯霍弗完全无视通过国际经济合作解决此类问题的所有努力,这是一个典型的例子。对他来说,经济不是"命运"。豪斯霍弗轻蔑地说:"在太平洋地区,没有人相信他们在西方国家大肆宣扬的这一格言。"④

[189]在他的全球国际政治概念方面,豪斯霍弗并不孤单。无论怎样强调他的历史重要性都不为过,豪斯霍弗并不是在荒野中呐喊。他对德国和日本的一些人产生了巨大影响,这些人的观点在现实政治中很有分量或即将很有分量。早在1926年,豪斯霍弗派的年轻弟子在《地缘政治学杂志》上发表的两篇文章就说明了这一点。一位作者是德国人,另一位是日本海军军官。那位德国作者比较了日本与德国的未来命运。这两个国家都必须抵制盎格鲁－撒克逊大国在《华盛顿条约》和国际联盟的帮助下对俄罗斯实施的包围圈政策。它们都非常希望与俄罗斯保持良好关系。这名德国作者接着根据豪斯霍弗的教诲对日本未来的扩张进行了评论。他指出,日本人民对定居寒冷的北

---

① *Journal of Geopolitics*, 1930, p. 961.
② I. Bowman, *The New World*, 1928, p. 578.
③ *Geopolitics of the Pacific Ocean*, 3rd ed., 1938, p. 212.
④ *Geopolitics of the Pacific Ocean*, p. 290.

海道地区或其他气候不利地区并没有表现出极大的热情。但他们心甘情愿地遵从自然的驱使，来到太平洋及其温暖的沿海地区。日本海军军官也表达了同样的观点：与俄罗斯和平共处，与太平洋上的白人殖民大国开战！他在 1926 年写道，日本与德国共同的人口问题应该成为德、俄、日建立同盟的基础。因为这三个大国有一个共同的伟大目标：消灭殖民帝国主义。①

[190]日本没有听从豪斯霍弗关于要首先打击大英帝国（以及法国和荷兰）的谨慎告诫。日本并没有转向南方，而是开始向大陆进军。豪斯霍弗警告说，这将把中国人和印度人团结在一起，形成一个不可征服的八亿人口的集团。他提醒那些在海军将领面前占据上风的日本将军们，他们也必须赢得和平。

豪斯霍弗本人终于不再抱有幻想："日本低估了中国的广袤空间，她永远也不会理解现代中国的精神。"②他再次说道："中国是一片海洋，所有汇入其中的江河都将变咸。如果日本向中国渗透太深，她将会被淹死。"③是的，如果一个帝国能够以"日本的灵魂，中国的身体"而崛起，那将是一个甚至会让俄罗斯和美国这样的帝国都黯然失色的力量。④ 但豪斯霍弗知道，这只是一个老人的空想。

在现实世界中，只有一个解决方案：必须与"历史地理枢纽"大国和平合作，坚守内线。德国和日本都必须寻求与俄罗

---

① *Journal of Geopolitics*, 1926, p. 620 (P. Ostwald) ; p. 880 (G. Hiroe).
② *Journal of Geopolitics*, 1939, p. 30.
③ *Journal of Geopolitics*, 1935. p. 377.
④ *Journal of Geopolitics*, 1939, p. 106.

斯和中国保持和平友好关系。这样日本有了抵御大陆进攻的后盾,然后就可以在太平洋开启建立帝国的大业。

德国和日本都没有听从他们的未来导师的建议。1941 年 6 月,豪斯霍弗的计划被巴伐利亚山区的另一位梦想家所粉碎。[191]由于《地缘政治学杂志》在美国已经不再发行,我们无法知道豪斯霍弗对希特勒入侵俄罗斯的公开反应。但无论作为政治家和外交家的豪斯霍弗写了什么,有一点是肯定的:在他的字里行间隐藏着恐惧这个失败之母。

第八章 美国,"卫星岛"

今天的美国既疲惫不堪,又老态龙钟。

——柯林·罗斯

[192]德国地缘政治学应用于军事战略和政治战略的一个最显著特点是其消极的一面:西半球,特别是美国,并没有得到像欧洲、欧亚大陆和印太地区那样的关注。这并不意味着豪斯霍弗和《地缘政治学杂志》有意回避讨论美国的问题,也并不意味着他们无意中忽视了这些问题。豪斯霍弗的月度评论以及他著作中的许多评论,还有大量关于美国具体问题的仔细研究都证明,德国地缘政治学的学生试图了解西半球,特别是美国的地理位置、规模和空间在今天和未来将赋予这些地区的作用。这些评论往往惊人地准确。他们经常讨论的一些主题和问题,虽然更切近美国公众,但实际上美国公众并不知道,或者直到最近才知道。[193]所涉及的领域千差万别,诸如美国两党的权力之争、移民到巴西的日本人、美国日益升温的城市化、加拿大的内部问题及其与英美的关系、黑人问题,以及比其他问题更常见的太平洋相关问题。如果太平洋上的一个岛屿被吞并,如果国会拒绝拨款几百万美元用于关岛或中途岛的防御工事,如果美国人与菲律宾人发生矛盾,如果在檀香山海滩上发生一起由种族仇恨引起的谋杀案,我们可以肯定,豪斯霍弗或他的一名弟

子将在现场对局势进行评估,以此作为太平洋地缘政治的一部分。

但这一切就像一幅未完成的马赛克,周围散落着成千上万的石头。豪斯霍弗及《地缘政治学杂志》的读者在他的研究结束时,会对西半球或南北美洲将在国际政治中扮演的角色感到困惑。与欧亚大陆和太平洋地区相互衡量和建立关系的方式相比,每当地缘政治入侵西半球时,就完全缺乏综合性。从美国的角度来看,如果德国地缘政治学在全球其他地区产生的结果与它在评估美国领域的尝试一样徒劳无功,就确实没有任何理由研究德国地缘政治学并将其作为地缘政治战略的指南。

如果美国国家体系(特别是美国的作用)得不到明确的承认,那么没有西半球的世界观必然是不完整和错误的世界观。[194]豪斯霍弗不愿意或没有能力使西半球成为世界观的一个组成部分的原因是什么呢?

早在1901年,拉采尔就写了一篇名为《生存空间》(*The Living Space*)的研究报告。① 他发现了在我们这个时代具有重大意义的这个流行语,并以他的"空间增长规律"给豪斯霍弗留下深刻的印象。拉采尔的思想建立在美国广袤空间给他留下的持久印象的基础上。他预见到世界政治将发生革命性的变化。尽管欧洲拥有诸多优势,但如果美国作为一个充满民族精神的政治单位出现在国际舞台上,欧洲将沦为一个小角色。拉采尔的弟子怎么会忘记这样的警告呢?

---

① Friedrich Ratzel, *Der Lebensraum*, *Eine Biogeographische Studie*, H. Laupp, 1901.

决定性的原因可能是什么，我们只能猜测，但不能实际证明。像豪斯霍弗那样将美国视为欧亚大陆之外的一个卫星大陆的地理观点，是典型的基于过去地理的地理世界观。总体来说，我们这一代人，从小就被培养成用墨卡托的眼光看世界。我们几乎可以认为，这位四百年前为勇敢的航海家绘制地图的伟大制图员是希特勒的秘密盟友。因为直到最近，联合国的政治家们还受制于墨卡托的世界观，因此无法认识到世界革命的全球性。然而，更正确的态度是从墨卡托身上看到一种中立的力量。墨卡托投影①的影响如此巨大，甚至影响了豪斯霍弗的观点，[195]从而导致他误判了北美的地缘政治影响力。

我们的战略已开始理解一个至关重要的教训。这在明天将被认为是最基本的教训：在空中力量的时代，无论是从华盛顿、东京还是贝希特斯加登（Berchtesgaden）②看，北极都接近世界战略的轴心。这种基于方位角投影的地理观点，不可避免地使欧亚大陆和北美洲成为一个几乎连续的大陆块，是未来统治世界的大陆块。北冰洋两侧是美国（阿拉斯加）、加拿大和俄罗斯，它们统治着北冰洋。这片广袤的大陆控制着内线，并使轴心

---

① ［译注］墨卡托投影是一种常见的投影方式，也被称为正交投影或中心投影，它是在以地球为基准的坐标系下，将地球表面的形状投影到二维平面上的投影方式。

② ［译注］贝希特斯加登位于德国巴伐利亚东南部的阿尔卑斯山脚下，是德国最秀丽的风景胜地之一。其辖区内的上萨尔茨堡山从1923年起是希特勒的度假住所，1933年改建成希特勒和纳粹高官们的官邸区，1937年在此设立纳粹德国除柏林以外的第一政府驻地。贝希特斯加登也以希特勒的"鹰巢"而闻名。

国向外弯成新月形。①

事实无法证明,豪斯霍弗是因为墨卡托投影的影响才没有把美洲看作欧亚大陆向北延伸的一部分。但在我们看来,这不可能是出于其他原因。顺便说一下,这让我们看到,这位老制图师是这场战争中最强大的秘密武器之一,对双方都起作用,显然现在美国比敌人更快战胜了它。

然而,豪斯霍弗无法评估美国在未来世界政治中的角色,还有一些更具体的原因。其中之一就是豪斯霍弗对亚洲俄罗斯的活力及其背后广袤的太平洋空间的迷恋。[196]他几乎无法掩饰自己对俄罗斯的钦佩之情——从他开始工作的头几年到希特勒讨伐布尔什维克主义的整个过程中,这种观点都是正确的——他钦佩俄罗斯的成就,钦佩俄罗斯在东部外围省份不断加强的权力地位。美国无法取得这样的成功。豪斯霍弗在1941年写道:"对幅员辽阔的两个帝国即俄罗斯和美国进行的比较表明,苏联在取得成就方面比美国表现出了更多的技巧和对政治心理因素的理解。"②但是,比起俄罗斯,太平洋地区才是豪斯霍弗忽视西半球的原因所在。一个如此清楚地预见到太平洋地区即将来临的巨大风暴的人,很容易几乎完全从太平洋的角度来看待西半球。正是在这里,豪斯霍弗充分意识到美国在未来世界政治中将要扮演的世界政治角色。因此,西半球与太平洋有关的每一个地理因素以及这些地区的每一个政治

① 参见《生活》杂志(*Life Magazine*)1942年8月3日发表的关于"地图"的优秀文章以及 R. E. Harrison 为《财富》杂志(*Fortune Magazine*)绘制的杰出地图,C. H. Lawrence 和 R. Ramsey1942年在纽约的《新世界地平线》(*New World Horizons*)中的最基本但最及时的地理课程。

② *Journal of Geopolitics*,1941,p. 47.

事件都被他仔细地记录下来，并成为其地缘政治体系的一部分。在南美国家中，豪斯霍弗的注意力主要集中在智利，因为智利完全是一个太平洋大国。他认为智利与日本之间存在着一种牢固的、未来可能极其重要的关系。同样可以理解的是，对美国地缘政治问题的任何分析都会将豪斯霍弗引向加利福尼亚海岸。但是，由于他对美国的"太平洋面孔"如此感兴趣，[197]以至于他把自己的观察局限在美国西部各州的问题上，从而忽略了美国的大西洋面孔。

豪斯霍弗本人将"加利福尼亚问题"称为其《太平洋地缘政治学》中最重要的话题之一。① 因为，尽管他知道美国在经济和财政上仍然与大西洋有着更紧密的联系，但是从他的太平洋视角来看，更重要的是，美国在军事和经济上代表着太平洋地区美洲的众多力量中最强大的因素。（在西半球，每个国家都对太平洋拥有直接兴趣。豪斯霍弗指出，对巴西来说尤其如此，那里有45万日本定居者，还有复杂的日本移民问题。）对美国在太平洋地区的潜力的认识使豪斯霍弗理所当然地把研究集中在加利福尼亚及其人口问题上。处理北美大陆的地缘政治因素时，他以日本将军的眼光看待这些因素。他对加州人口和城市化问题的研究只关注未来美国人和日本移民之间的关系。在《太平洋地缘政治学》中，豪斯霍弗绘制出一张旧金山和洛杉矶地区的地图，指出日本人定居的四个主要中心、主要交通线和加利福尼亚的小麦带。这是一张及时的地图，豪斯霍弗称之为"加州问题的意义"。② 他援引美国方面的消息称，在623752英亩的一

---

① *Geopolitics of the Pacific Ocean*, 3rd ed., p. 118.

② *Geopolitics of the Pacific Ocean*, 3rd ed., p. 121.

级土地中,[198]有 458065 英亩由日本人拥有或租赁,或在日本人的影响下。"他们的痕迹不能再从加利福尼亚的经济史中抹去……因为他们比其他定居者更深深地扎根于这片土地。"在这方面,豪斯霍弗指出,日本人的定居点还占据了进出旧金山和洛杉矶的主要交通要道周围的战略位置。

豪斯霍弗显然意识到,自己的局限性使得他无法判断美国政治的趋势。因此,他把西半球留给了他的合作者,只考虑影响太平洋地区的事件。不幸的是,他将评估美国与世界其他地区关系的任务委托给了这样一些人。他们要么是像罗斯(Colin Ross)那样的纸上谈兵的战略家,只知用豪斯霍弗的语言宣扬希特勒主义和德国统治世界的福音,要么是像豪斯霍弗的儿子阿尔布莱希特那样呆头呆脑、沉默寡言的鹦鹉似的人物。他们只知道引用美国报纸、数字和统计数据,却无法提供任何建设性的综合意见。① 因此,与大师自己的预测相比,地缘政治预测的尝试仍然软弱无力。无论在科学上或政治上能否站得住脚,这些预测都成功地对重要团体产生了影响,从而达到其主要目的。

在罗斯和小豪斯霍弗这两位美国问题"专家"中,罗斯更值得关注,[199]因为他对美国的看法是德国受过教育的公众所了解和思考的典型。在很大程度上,他的观点与斯宾格勒在其政治小册子中表达的概念几乎相同。② 豪斯霍弗对罗斯怀有一种奇怪的钦佩之情。罗斯是一位周游世界的自由作家,只要有人给出足够的报酬,他就会把自己出卖给任何人。他是豪斯霍

---

① 摩尔教授是一位优秀的学者,他在 1931 年之前一直在《太平洋地缘政治学》上撰写有关西半球的文章,但如上所述,他已被豪斯霍弗赶走。

② *Geopolitics of the Pacific Ocean*, 3rd ed., p. 121.

弗核心团队中唯一一位在 1933 年后使《地缘政治学杂志》看起来几乎与纳粹德国其他期刊一样的人。罗斯完全缺乏豪斯霍弗特有的外交意识。这种缺乏的典型表现是,英国法西斯首领莫斯利爵士(Sir Oswald Mosley)为《地缘政治学杂志》撰写了一篇文章,①罗斯为该文章写了热情洋溢的序言。罗斯关于美国的书籍和文章广为流传。它们反映了对这个国家正在成长的所有强大而年轻的力量和思想的彻底误解。有时他不愿承认它们的存在,但他的真实反应似乎更坦率地反映在1935 年访问美国时的描述中:

> 今天的美国疲惫而陈旧,陈旧得令人吃惊。当一个人从一个充满新思想、对未来充满信念的欧洲来到大西洋的这一边时,他发现自己不再处于"新世界"之中,这在战前甚至战后都显而易见。②

或在另一次:

> 美国不再是"最后的呐喊"。在欧洲,新的想法已经出现了。它们已经改变了世界。我们生活在一个全新的世界里。世界总是只在它最后呐喊时变得老迈。美国没有参与这一转变,美国突然变老了。[200]人们在美国感受到了这一点,不是很清楚,不是很明显,但这是一种模糊的威胁,因此突然爆发了对新德国的仇恨。③

---

① *Journal of Geopolitics*, 1936, p. 565.
② *Journal of Geopolitics*, 1935, p. 133.
③ *Journal of Geopolitics*, 1933. p. 656ff.

这篇写于 1933 年 8 月的文章也很有趣。它声称，美国的"融合过程"在加拿大的大草原上永远不会成功，以此评估加拿大的未来：

> 德国革命在这里也创造了奇迹。加拿大从来没有见过如此自豪和自由的德国职业。甚至土生土长的加拿大人也渴望说德语，并夸耀自己的德国血统。因此，未来将不会出现加拿大国家，而是一个由加拿大各民族组成的加拿大国家联盟。

对西半球，特别是美国政治发展的奇怪误解（罗斯和斯宾格勒的概念是其中的典型）为希特勒对美国的宣传攻势铺平了道路。他们制造了一种针对新世界的情感对抗：尽管新世界拥有超级资本主义，但它已经显得陈旧和腐朽。这种错误而草率的评价之所以能够影响到更有影响力的群体和政治精英代表的思想，而不是广大群众的思想，主要是因为它们出现在伪科学内容中。但这也是由于一个令人遗憾的事实，即美国在希特勒之前的时代，完全忽视了促进两国更好地相互了解。地位较高的德国人所熟悉的美国实际上只是华尔街的美国。[201]他们惊奇地发现，美国非常有兴趣帮助一个未来在经济和军事上强大的新德国奠定基础。因为德国愿意比其他国家多支付四分之一甚至一半的工业债券利息。白宫最终认识到，在美德之间建立更好的理解极为重要，于是派出多德（William Dodd）教授担任驻柏林大使，然而终究为时已晚。如果美国一开始就及时进行明智而谨慎的文化宣传，原本是有可能防止对美国严重误解的传播，这些误解导致了德国在一战中的灭亡。

豪斯霍弗完全被太平洋地区的动态所吸引，不能或不愿选择比他的儿子和罗斯先生更有能力的副手。这些只是他的团队无法应对新世界的部分原因。在这些因素背后还有其他地缘政治原因，这些原因并不总是容易发现，因为它们在很大程度上是非理性的，往往只能在豪斯霍弗的评估的字里行间中发现。但是，德国的全球地缘政治学在其战略中如此明显地忽视美国的潜力，这一事实足以让我们将这一负面因素视为一个重要的政治因素。

豪斯霍弗未能认识到美国作为世界大国对全球的影响，这不仅是慕尼黑学派的典型特征，也是当今和过去欧洲大多数政治思想的典型特征。[202]中欧如此难以理解国际政治概念，其原因是：尽管旧世界在1918年就知道是美国的力量促成了最终的决定，但它拒绝从这一经历中得出任何结论。当美国在1918年后未能赢得和平时，一种奇怪的国际政治新观点在德国占据了主导地位。它的力量来自情感因素和本能，而不是冷静的推理。豪斯霍弗认为自己能够抵御这种情绪影响（为此他不厌其烦地谴责别人）。当他发现一个强大和不断发展的美国根本不符合自己对新世界的构想时，他自己也成了这种情绪影响的受害者。在他的新世界构想中，德国可能是权力政治中心。在豪斯霍弗的世界中，并没有空间容纳一个权力四溢的美国大陆。或者可能存在致命的误判？在以德国为主导的大陆权力体系的方案中，对美国的忽视会不会给他的大胆梦想带来灭顶之灾？拉采尔曾警告他的弟子们要注意美国大陆力量的崛起，注意其不断增长的空间所带来的压力，注意其经济资源的丰富性，注意其公民的强大力量，注意其公民在危险时刻将形成一个地球上无与伦比的统一的国家集团。

1918年就是答案吗？豪斯霍弗、德国地缘政治学以及德国政治本身本能地感到,美国是一个巨大的未知数,[203]很可能再次快速打破东欧的僵局。全面承认这一事实将意味着德国的地缘政治战略(让欧洲内部成为东方崛起力量的积极伙伴)是一场更加危险的赌博,但木已成舟。斯宾格勒不敢用"俄罗斯与未来"一章作为《西方的没落》的结尾,他预见到的一切给豪斯霍弗以及德国的军事家们留下了深刻的印象。俄罗斯、中国、印度、德国和日本牢牢地扎根在欧洲大陆的战略要塞中。这是一个强大的力量组合,足以促使其规划者忘记美洲大陆的存在。他们或许没有完全意识到其后果,但德国地缘政治学赞同列宁曾经说过的一句话:"让我们转向亚洲,我们将通过东方征服西方。"

豪斯霍弗努力向自己和弟子证明,在没有美国的情况下,完全的大陆世界观是合理的,在此过程中,他发现了一个意想不到的盟友——麦金德。"敌人是最好的老师"这句格言确实非常有效。如果一个英国人、一个敌人证实了他的观点,即一个大陆世界能够自我平衡并控制其他地区,那么这个观点一定正确。在《民主理想与现实》中,麦金德把美国称为"一对特定的半岛……实际上是岛屿而不是半岛"。他将这些岛屿和澳大利亚一起归类为"旧大陆的卫星国"。① 他把北美看成以好望角为末端的大世界海角的离岸岛,[204]类似于克里特岛之于希腊半岛,以及英国之于拉丁半岛。对豪斯霍弗来说,这种观点正是他所需要的。美国是世界岛的一颗遥远而孤立的卫星,这就是一种理想的全球观,符合其大陆强国征服空间的世界统治图景。

翻译成豪斯霍弗主义的语言,这意味着,满足卫星国美国需

---

① *Democratic Ideals and Reality*, p. 80 ff.

求的唯一政治是辉煌的孤立。对心脏地带和卫星岛的人民来说，接触越少，最终的结果就越好。因此，德国地缘政治学就美国在世界政治中的角色形成了如下概念，在语气和论点上都实际上等同于美国孤立主义。事实上，维尔埃克（Sylvester Viereck）①能够把戈培尔总部的说法口头翻译过来供他的孤立主义朋友在国会上发表演说，这一点也不奇怪。

德国这一大战略的目的越来越明显：加深新世界与欧亚大陆这个世界岛之间的鸿沟。在此过程中，德国不希望自己的事业受到"只会用美元思考"的美国主义的干扰。正是美国与欧亚大陆之间这堵无形之墙，使得豪斯霍弗的杂志和书籍没有提到军事入侵或直接统治美国或西半球其他地区的计划。[205] 豪斯霍弗还没有天真到会犯下错误，从而产生唯一的效果，即削弱美国孤立主义的势力，使美国人民及时意识到自己的后院正在酝酿什么事情。纳粹官员在柏林和斯图加特策划的德国债券（German Bund）②活动这类的业余活动不应该归咎于地缘政治战略家。地缘政治家们知道，为了有效地孤立美国，德国政治必须与大洋彼岸的孤立主义者合作。因此，具有德国血统的美国公民不会成为德国运动的盟友。如果戈培尔的想法和行为有所不同，这只能证明他和豪斯霍弗没有成为同道中人。豪斯霍弗一再指出，在德国，人们必须完全忽视美国的德国元素对德国政

---

① ［译注］维尔埃克（1884—1962），德裔美国诗人、作家，曾为纳粹德国开展宣传工作，著有《吸血鬼之家》（*The House of the Vampire*）和诗集《尼尼微及其他》（*Nineveh and Other Poems*）等作品。

② ［译注］德美同盟会指 20 世纪 30 年代美国亲纳粹德国的德美同盟会。

治目标所具有的想象价值。① 当然,德国人的血统在塑造美国有机体方面发挥了突出作用。但那都是过去的事了。今天,无论是北美还是南美都不再需要欧洲的人力资源和发明天才。在豪斯霍弗看来,德裔美国人在第一次世界大战期间的态度充分证明,他们不再是德国大博弈中的小卒子。豪斯霍弗认为,这很正常。因为他们只会制造麻烦,而没有任何助益可言。他们会干扰和削弱德国运动那些无意识的帮手,即美国的孤立主义者。

德国试图通过孤立美洲大陆来巩固"跨大陆集团"实施得颇为笨拙。豪斯霍弗决定留在幕后,[206]把这一领域留给比他微弱的星辰,可能是因为这样抹去西半球对他来说实在正中下怀。相对于豪斯霍弗的冷静计算,这种一厢情愿的想法和鸵鸟式的政策很奇怪,通常他是不会允许这种想法对政治决策施加任何影响的。由于未能将西半球的地缘政治因素纳入我们这个时代的世界观,这使得德国地缘政治学在美国问题上犯下了错误,同样的错误曾经产生过致命的影响。

为了确立美国孤立主义论点,德国地缘政治学的宣传者们不断大力鼓吹两个论点。一个宣称最初的门罗主义是最重大的地缘政治智慧,事实上也是美国为了自己的利益应该遵循的唯一外交政策。它让美国远离西半球以外的积极政治干预。另一个论点是上一论点的补充。它警告说,如果美国与大英帝国同流合污,美国的辉煌孤立就面临巨大的危险。如果把自己的野心与英国的利益联系在一起,美国就注定要灭亡,因为英国的帝国已注定要瓦解。英国唯一的生存希望是她能否认命,退居二线,不是作为一个殖民帝国,而是作为一个横跨欧亚大陆集团大

---

① Cf. *Journal of Gov. Politics*, 1937, p. 579, 251.

国的二流伙伴。但是,对于说服英国接受其在世界政治中的新角色的可能性,与希特勒相比,豪斯霍弗的人更抱怀疑态度。[207]因此,德国地缘政治战略是通过美国间接地与英国打交道。如果有可能说服美国公众舆论断绝与英国的关系,通过孤立发展自己的力量,那么说服英国的任务就很容易了。英国将别无选择。

将德国地缘政治学视为超级科学是近来的潮流,要揭穿这一潮流的真相,最好的论据就是慕尼黑学派对西半球在世界政治中所扮演角色的曲解。豪斯霍弗团队培养出来的这种对美国的态度,其典型代表是罗斯写的一篇文章,题为"美国掌握着世界权力"(America Grasps for World Power)①。这篇文章反映了德国权力政治在战争前夕对美国所扮演角色暗中所抱持的所有恐惧和希望。

罗斯讨论了门罗主义多年来尤其是在总统富兰克林·罗斯福(Franklin D. Roosevelt)任期内所经历的变化。罗斯首先引用俾斯麦的一句话:这句话很典型,也是豪斯霍弗专栏中经常使用的一句话。"门罗主义鲁莽无礼。"罗斯轻蔑地问道,俾斯麦会如何评价罗斯福对原始门罗主义的扩展?他建议我们应该谈论一种新的罗斯福主义——一种关于西半球的新的地缘政治理念,其边界一直深入太平洋,延伸至欧亚大陆和非洲的海岸。这个几乎从北极延伸到南极的巨大领域,就是"美国民主"的领域。在其意识形态帝国的假想边界内,[208]没有一个欧洲强国拥有任何权利。如果这些权利仍然存在,它们必须被视为过时的殖民时代的残余,最终将被清算。在美国声称属于自己的

---

① *Journal of Geopolitics*,1939,p. 420.

广阔领域内,转让领土是非法的——当然,向美国转让除外。除了美国批准的形式外,任何欧洲大国都不能在西半球进行自由贸易。只有她自己能决定政府和生活的形式。她声称自己有权决定哪些思维方式可被允许侵入她的西半球。1823 年,门罗想要保卫西半球,他所对抗的"体系"仅仅是梅特涅(Klemens von Metternich)的专制政府,或者更确切地说,是重新征服失去的殖民地的模糊想法。如今,这个"体系"就会包含来自欧洲的危险思想,只要罗斯福不喜欢它们。罗斯问道,英国是否意识到了这种罗斯福主义对其帝国的存在意味着什么?

这个问题的背后是陆权对抗海权的问题,或者说似乎只有海权的问题。豪斯霍弗团队一直小心翼翼地为之工作的欧洲大陆组合,绝不能在最后一刻受到侧翼进攻的威胁。许多因素在几十年间共同作用,使世界岛的大片陆地成为 20 世纪历史的重心。铁路、公路、空中力量的崛起以及苏俄作为亚洲大陆强国的悄然稳定,所有这些发展使豪斯霍弗的预测看起来是正确的。[209]英国和美国的迟钝反应,尤其是这两个大国的相互关系,使我们有必要重新审视这一个曾如此大胆预测英国衰落和默许美国在世界政治中扮演卫星国角色的计划。后来,德国的地缘政治学突然想到,在罗斯福"鲁莽无礼"的政治扩张过程中,英美的联合集团似乎正在形成,它可能会在最后时刻挑战德国对欧洲大陆的控制权。英国位于欧洲的侧翼。但是,日本也同样地处亚洲的侧翼,日本对中国的战争难道不是证明了,岛国为了生存,最终会试图将海权转化为陆权吗?① 如果英国试图应对来自欧亚

---

① 参见拉铁摩尔 1930 年的出色分析(O. Lattimore, *Manchuria : Cradle of Conflict*, p. 330 ff.)。

大陆新超级国家体系的重大威胁,那么只有与美国结盟,她才能成为一个严峻的挑战。只有美国把多佛悬崖视为自己的领土,通过入侵欧洲半岛将海权转化为陆权才可能成为现实。

正是这种恐惧促使罗斯提出了这个问题,在德国提出这个问题的不仅仅是罗斯。英国是否意识到罗斯福主义对其帝国的存在意味着什么?根据罗斯的说法,答案在于唐宁街的人。如果他们继续试图监督欧洲,并确保没有一个欧洲国家超过另一个,英国的未来就将取决于美国的善意。然而,如果她能找到重回"欧洲之母"的道路,英国的处境将完全不同。[210]那样的话,英国就没有必要在欧洲列强之间挑拨离间。她将成为欧洲合众国不可分割的一部分。这样的英国应该记得,她对美国有某些权利和要求。(豪斯霍弗读到这一句和下面的句子时是否兴致勃勃?)英国可能会认为罗斯福保护加拿大的承诺是鲁莽无礼的。当然,加拿大和美国之间的关系越来越紧密,"但也许可以阻止这一情形"。罗斯声称,加拿大有强大的力量反对美国的"友谊"。如果所有这些还不足以最终将英国拉回希特勒阵营并将美国赶回其卫星岛的边界,罗斯甚至可以为英国提供更多合理的理由。欧洲国家联合集团可以帮助英国打出几张王牌来对付美国。如果罗斯先生提及他所知道的一切,那将是拙劣的外交手腕。英国可以自己发现,如果有希特勒的支持,她将拥有对付美国的巨大可能性。例如,英国在加勒比海的战略地位……正是因为美国意识到这些潜在的威胁,罗斯福外交才如此不顾一切地试图把英国从《慕尼黑协定》的魔爪中解放出来,从将其与欧洲大陆集团捆绑在一起的天然义务中解放出来。罗斯感叹道,很明显,罗斯福叫嚣着讨伐希特勒治下的德国实际上是一场反欧洲的讨伐。[211]因为德国已经把自己从美国民主和美元强加给她的监护中解放出来,因为这将具有传染性,也因为整个欧洲都将背弃罗斯福的美国。正是因为看到这些乌云在地平线上聚集,美国才与世界犹太人和布尔什维克主义结盟,与希特勒的德国展开狂热的斗争。

终于,德国地缘政治学达到了连戈培尔博士和罗森伯格都无法再对其世界政治方面进行批评的地步。但豪斯霍弗在读了他的优秀学生创作的这些作品后,一定是做了恶梦。

那是1939年,在暴风雨来临前的宁静中,德国地缘政治学试图用什么样的武器来打击美国变得显而易见,而美国的大西洋面孔却被它完全忽视。事实上,如果美国不继续保持其孤立政策,从而为德国和日本治下的跨大陆强国走向世界霸权大开绿灯,豪斯霍弗的整个理论体系就会受到威胁。① 美国还会继续大开绿灯吗? 只有美国故意让自己陷入完全的半球孤立,欧亚大陆才会成为独裁者的猎物。在精神上,美国还必须保持地理学上所证明的那样,成为世界岛的卫星国。美国绝不能觉醒,绝不能认识到自身的力量,否则她将放弃孤立主义,接受自己在世界政治中的领袖角色。然而,假如美国拒绝承担这一责任,那么在此情况下,也只有在此情况下,[212]才有可能在之后的某个时候对付她,正如科南(W. F. Kernan)在《防御不会赢得战争》中所描述的那样:

> 美国注定要成为众多国族的卡利班,成为纳粹普洛斯

---

① Cf. R. Strauss – Hupé, "Geopolitics", *Fortune Magazine*, Nov. 1941, p. 116.

彼罗和米兰达斯的巨大而畸形的仆人。由于我们不幸的孤立,我们的状况将持续下降,直到远远低于欧洲众多被征服民族的状况。①

一旦美国失去了对权力和扩张的驱动力,她将从大国的行列中消失。在这方面,值得注意的是豪斯霍弗在1930年写的纲领性文字:

> 今天,我们面对的是一种完全不同类型的大国,只有一个症状没有改变:权力欲和扩张欲。大国均势所带来的稳定并没有提供最终的解决方案。在缺乏权力意志的地方,大国的概念变得毫无意义,即使它诞生在广阔的空间里。②

德国根据19世纪的思想对颓废的美国孤立主义的假设揭示了德国地缘政治的决定性缺陷。长期的全球视野使人双目疲劳,甚至连豪斯霍弗也不例外。③

[213]美国不会与以欧亚大陆为中心的新帝国争夺世界权

---

① 此外,他关于"大陆战争和地缘政治"的章节相当粗略,我也不同意他笼统的、过于片面的结论。[译注]William Fergus Kernan, *Defense Will Not Win the War*, Little Brown, 1942, p. 65.

② Kjellén – Haushofer, *The Big Powers*, 1930, p. 328 f.

③ 我们很少能在豪斯霍弗的著作中发现美国积极参与欧洲大陆权力政治的预兆。一个有趣的例子是,1932年7月在其刊物上发表的匿名社论显然出自豪斯霍弗之手。文章援引日本驻莫斯科武官的话说,苏俄和美国之间的积极合作"绝对不可能"。"也可能是另一种情况,"豪斯霍弗沮丧地说,"我们德国人不也认为鲸鱼和北极熊永远不会在一起吗?然而,它还是发生了……"(*Journal of Geopolitics*, 1932, p. 443)

力——自从罗斯福在俄亥俄州代顿(Dayton)的竞选活动中发表了有关西半球问题的讲话后,这些希望就烟消云散了。与此同时,德国地缘政治学作为"超级科学"的信条也随之消失,而它的真实面目则是:在过去被朋友和敌人所忽视的地理原则在权力欲望游戏中的应用。

第九章　生存空间和人口压力

> 边境不是东方或西方、北方或南方,而是人类面对真相
> 的任何地方。
>
> ——梭罗

[214]在前几章中,我们对地缘政治学的讨论仅限于这门"科学"最重要的一些特征。这种方法变得越来越复杂,因为我们给它增加了越来越多奇怪的意识形态负担。不过,我们发现,并不可能把所有的压舱物都抛下船。因为如果没有它的"魔力"和"动力",德国的地缘政治战略将毫无生气。正是它的生命力说明了它的力量和它对于沉睡人民的土地的危险。通过研究那些将德国人的梦想引向俄罗斯和亚洲平原的非理性力量,我们试图发现欧亚大陆在当今如何成为世界历史的枢纽。于是,我们陪同豪斯霍弗前往亚洲俄罗斯的干草原和太平洋地区,并试图以尽可能少的猜测,看看他的道路在哪里与希特勒的道路分开。最后,我们粗略地谈及我们这个半球在德国不断变化的地缘政治体系中所扮演的角色。

[215]但是,为了使我们这些站在远处试图穿透迷雾的人能够看清豪斯霍弗主义的这些特征,我们不得不忽略许多属于德国地缘政治领域的观点。如果本书旨在以激昂的情绪来描述地缘政治的"体系"和完整目录,这些省略将不可原谅。这样一

部作品需要比这本书更大量和更详细的研究。另一方面,当我们把豪斯霍弗的世界看作世界革命力量的一种武器时,我们很难用它所呈现的阴郁色彩来描绘它。

如果我们记得豪斯霍弗的地缘政治自称极权主义,我们必须省略掉多少东西(我们筛掉的不仅仅是糟粕)才能看清豪斯霍弗主义就非常明显了。豪斯霍弗曾经这样描述地缘政治学的领域:

> 国家科学、经济学、社会学与研究、美国政治学、历史课、国际法和宪法,最后还有法学的其他部分,它们都必须参与建造这样一座建筑。它不仅要像许多政治地理和历史著作那样接受过去,而且要勇敢地承担未来。为了满足未来的需要并有勇气预测未来,我们必须构建地缘政治学的科学基础。①

难怪在这种雄心勃勃的主张下,几乎没有任何影响政治主体的东西被排除在地缘政治学之外。地缘政治学将国家的理念(由其领导人所代表)提升到神的地位,[216]而个人在其中无足轻重。作为一个系统,地缘政治学侵入了人类活动的所有领域。

我们只是简单地提到德国地缘政治学所讨论的中欧问题,尽管它在豪斯霍弗的讨论中占有一席之地。但它确实太小了,而且在某种程度上是太过陈旧的概念,无法激起豪斯霍弗拥抱世界的观点。关于中欧是一个封闭的政治和经济体系的想法比豪斯霍弗要古老得多。特别是自第一次世界大战以来,其政治结构已为英语世界所熟知,并在现实政治中得到考虑。德国伟

---

① *Building Stones of Geopolitics*, p. 36.

大的自由主义领袖和人道主义者瑙曼（Friedrich Naumann）的著作《中欧》（*Central Europe*）出版于 1915 年，这本书仍然很适时。此书出版后不久，英国和德国就推出了译本。但是，中欧国家相互关联的权力体系因其中心地理位置而对旧世界其他地区构成威胁的概念，可以追溯到更远的历史时期，甚至可追溯到中欧人民自己都远未意识到其政治意义的年代。这其中包括罗马帝国的皇帝们，比如凯撒、提比略（Tiberius）、德鲁苏斯（Drusus）和奥勒留（Marcus Aurelius），法国的国王和政治家们，比如路易十一、亨利四世、苏利（Duc de Sully）、黎塞留（Armand Jean du Plessis de Richelieu），英国及其将西欧沿海地区和莱茵河出海口的国家与中欧分开的政策，对莱茵河、多瑙河、维斯瓦河等重要河流施加影响的企图，还有拿破仑组织的缓冲国（Buffer States）组织（它在很短的一段时间内成功地阻止了法国东部边境联合政治力量的崛起）。[217]所有这一切都是在中欧人民本身的政治意识中还没有形成中欧思想的情况下发生的。

　　只有到了近代，像李斯特这样在美国学会用大空间思考问题的人以及瑙曼等少数人才开始将中欧设想为一个团结而强大的政治信条。瑙曼的许多构想都强烈地吸引着豪斯霍弗，并与其想法不谋而合。尤其是他坚信大国时代即将到来，英国的资本主义将不再主导世界政治。瑙曼的结论主要集中在德国作为新的、自给自足的经济组织的领导者所肩负的和平使命的想法上，该组织将哈布斯堡王朝和巴尔干半岛与瑞士、荷兰和比利时联系在一起。尽管如此，豪斯霍弗的动态学理论认为，中欧地区只是一个权力政治星座的一部分，其成员不仅在经济上而且在政治上都必须服从更强大的伙伴德国的指挥。

在过去的几十年里,成百上千的书籍和文章都把中欧作为我们这个时代的风暴中心来讨论。希特勒主义在经过捷克斯洛伐克、波兰、巴尔干半岛和希腊时留下的悲惨废墟,仍然是我们今天的噩梦。中欧的悲剧是小国在一个巨大的权力体系世界中的悲剧。它们的"破碎"地带再也不能实现将巨人分开的目的。[218]对于那些把空间增长规律奉为"生物"世界观的人来说,它们成了一片废墟。因此,对于慕尼黑的地缘政治规划者来说,小国作为中欧权力体系中不可分割但又独立的一部分的问题实际上并不存在。当然,捷克斯洛伐克、波兰以及其他构成豪斯霍弗喜欢称之为东欧"魔鬼地带"的国家的命运,在德国地缘政治人士中一直存在争议。只要表面上保持着主权和独立,它们在激烈的地缘政治博弈中的角色就不比棋子好多少。但是,在豪斯霍弗的游戏中,我们不能把当今的问题看得太严重。对他来说,小国的灭亡是如此的确定,以至于对付它们只是一个无关紧要的初步行动,是帝国漫长征程中一个令人不快但并不重要的迂回。无论如何,对豪斯霍弗来说,小国只是在其作为缓冲区的战略作用方面有意义,而绝不是作为渴望自由和独立的人民的家园。在大国的会议上,谁会关心弱小国家的这种渴望呢?作为军事缓冲区,这些地区早已不再引起德国地缘政治战略家的兴趣。豪斯霍弗写道:

> 伦敦没有意识到这样一个事实,即空中力量和装甲师的发展,以及整个战争的机械化,已经彻底改变了缓冲区的旧概念。①

---

① *Journal of Geopolitics*,1940,p. 347.

在向欧亚大陆枢纽地区进军的过程中，另一件被德国地缘政治学视为理所当然的事实也在形成，[219]即老牌殖民国家英国(海上的"强盗")的衰落和法国的衰落使得小国陷入更加绝望的处境。德国的地缘政治学完全蔑视小国在英法的军援和军援承诺下进行抵抗所能造成的任何危险。我们已经看到，豪斯霍弗带着轻蔑的讽刺抛弃了把民族自决作为道德准则来遵守的观念，而在德国以内却要赞同这一观念。这一原则是由那些已经变得过于软弱而无法执行它的国家所制定的(豪斯霍弗非常怀疑这些国家真打算执行它)，也是由背叛了它的美国所制定的。在欧亚大陆联盟的计算中，这一原则只是一句空话而已。小国对生存和生存空间的要求被认为是来自没落世界的绝望和无人理会的呼声。

在我们的讨论中，中欧并不是唯一受到忽视的政治符号，假如人们仔细翻阅了德国地缘政治学文献，那么他们就会意识到，中欧扮演了更重要的角色。作为豪斯霍弗体系的支柱，生存空间思想的作用也只是被点到而已，因为其松散和情绪化的方面往往会削弱我们主要感兴趣的领域，即德国地缘政治实际的权力政治战略领域。然而，此刻，我们应该简要地看一下生存空间概念，以证明我们的论点(见页18)，即生存空间的概念即使在一个特定的国家内也是相对的，[220]因此没有为国际问题的永久解决提供解决方案。

每当触及生存空间这一主题时，我们就会遇到"有"(Have)生存空间和"没有"(Have not)生存空间的国家的对比。1933年后，当豪斯霍弗主义，特别是在其更大众化的出版物中，再也无法避免使用越来越多的纳粹主义措辞时，我们遇到了"有"和

"没有"的另一种对比;反抗的力量和复兴的力量。① 将世界粗略地划分为"有"生存空间的国家和"没有"生存空间的国家并不困难,这种分类由威尔逊总统的顾问豪斯上校(Edward Mandell House)提出,对处于匮乏状态的人无疑具有强烈的吸引力。因此,很容易为"复兴"时期的德国、意大利和日本的扩张欲望提供伪科学的理由,以对抗法国和英国"衰落"的财富。我们都熟悉希特勒在数十次演讲中反复提到的这些主题。在这些演讲中,希特勒宣称德国对空间拥有自然权利。1939 年 4 月 28 日,希特勒就罗斯福总统的和平建议做了国会演讲。这可以说是这一观点的最准确表述:

> 罗斯福先生进一步宣称,他绝对相信所有国际问题都可以在谈判桌上得到解决。我的回答是:从理论上讲,人们应该相信这是可行的,因为在许多情况下,常识确实会清楚地表明,[221]一方的要求是公正的,另一方则必须做出让步。例如,根据所有的常识、逻辑和人类一般原则及更高的正义原则,不,甚至根据神的意志,所有的国家都应该平等地分享这个世界的财富。因此,不应该出现这样的情况:一个国家要求获得如此多的生存空间,以至于每平方公里甚至不到 15 人,而其他国家却被迫在同样大小的区域内维持 140 人、150 人,甚至 200 人。但是,无论如何,这些幸运的国家都不应该通过掠夺他们的殖民地之类的方

---

① 请特别参阅豪斯霍弗的《今日世界政治》(*World - Politics of To-day*),1937 年。这本书是献给赫斯的,图文并茂,是为国家社会主义者编写的地缘政治入门读物。这本书表明,豪斯霍弗是希特勒更忠诚的副手,而不是那个在其刊物的字里行间表现出的豪斯霍弗。

式,进一步缩小那些已经在遭受苦难的人民的生存空间。因此,如果这些问题真的能在会议桌上得到解决,我将感到高兴。

两个月后,英国外交大臣哈利法克斯勋爵(Lord Halifax)在回复希特勒时,用英国人特有的观点描述了这个问题:

> 生存空间。这个我们过去未曾听说过的词需要得到公平、仔细的审查。当然,每一个发达的共同体都面临着生存空间的重大问题。但这个问题并不是简单地通过获得更多的领土就能解决的。这可能只会让问题变得更加尖锐。只有明智地安排国内事务,并通过调整和改善与国外其他国家的关系才能解决这个问题。通过获得邻国的信任,从而促进相互间的商品流通,国家便可增加财富,提高人民的生活水平。一个国家采取行动压制较小和较弱的邻国的独立存在,产生的结果很可能正好相反。[222]如果是在这个意义上应用生存空间,我们就会拒绝它,也必须抵制它的应用。通过合作——就我们而言,我们愿意进行合作——我们有足够的空间向所有国家提供更大经济生活的机会,这包括生存空间一词所暗示的一切。

这些话是在战争开始前两个月说的,如果现在将它们与希特勒的表述所依据的思想相比较,我们就会看到英国政治家和德国僭主在认识生存空间这一概念时所存在的鸿沟。

德意志帝国的人口密度比地球上任何其他帝国都要高。即使我们着眼于包括被征服和被奴役民族在内的大德意志,情况也是如此。如果用标准方法(yard‐stick methed)衡量一个国家的生存空间,将其与国家区域(包括殖民地等附属地)的人口联系起来,我们就会得出在纳粹主义和德国地缘政治宣传中经常扮演重要角色的比较数字。在占领捷克斯洛伐克后,用希特勒的话来说,德国现在已经满足了她的最终领土要求,但它只占世界面积的不到 0.5%,人口却占世界人口的 4.0%。① 相比之下,大英帝国拥有世界面积的 26.0% 和世界人口的 24.6%。不言而喻,像这样的比较,加上所有迎合德国普通民众情感的宣传艺术,产生了巨大的影响。[223]他们成功地说服数百万在政治上犹豫不决的德国人接受希特勒的现实政治。因为这些比较是在一个民族面前进行的,这个民族不会忘记她认为自己有权享有的领土被《凡尔赛条约》瓜分了。1918 年后,德国生存空间概念的情感基础是深受冒犯的自豪感,夹杂着和平条约导致的德国领土分割对德国造成严重不公的感觉。惠特莱西(D. Whittlesey)教授认为,与政治地理学的冷静推理相比,这些情感因素正是"地缘政治学"的本质:

> 因为每个婴儿都出生在一个国家,人类在成长过程中就带着一种非理性的信念,即他的国家或民族不可改变。这是一种与地球表面的特定部分不可分割的力量。这种感觉转化为论据,作为基础,努力使政治地理学服务于这个或那个特定的国家,这些情绪化的努力经过理性化之后就形成了一种教条,即我们所知的地缘政治学。战争免不了会

---

① Cf. R. R. Kuczynski, "*Living‐Space*" *and Population Problems*, London, 1939. 这位伦敦经济学院的人口学讲师对生存空间信条进行浓缩但详尽的批评。

造成的残酷的、暂时的领土分割,以及势必签订的和平条款造成的更为持久的、同样粗鲁的肢解,这些都不会动摇这种信念,即国家天生就有权利享有其应有的空间,享有其在阳光下的地位。即使两个不同的国家可能对同一边境地区提出同样的权利主张,这一不争的事实也不能削弱对立的国民对各自信仰的忠诚。①

这不仅解释了使德国人民愿意[224]接受任何符合他们生存空间梦想的哲学的潜在情感因素,还描述了德国地缘政治学的一个主要支柱,即国家有权拥有自己的生存空间,因此,如果国家在某个特定时间的面积不足,就有权获得它。

但是,在一个封闭的世界体系中确定德意志人民和所有其他民族适当的生存空间完全不可能。这一点如此明显,以至于生存空间的口号只有在它被用来作为对大众廉价而有效的呼吁时才是"地缘政治学"的合法信条。因此,希特勒和豪斯霍弗都利用它来帮助德国人民做好夺取这些空间的准备。如果没有这些空间,德国将无法在未来的权力政治中发挥自己的作用。占领波兰走廊、苏台德区、上西里西亚、奥地利、萨尔地区,然后随着胃口的增长,夺取阿尔萨斯—洛林、丹麦南部、荷属佛兰德地区。对德国人民来说,这些地区的边界都披上了生存空间的意识形态外衣。

德国领导人为德国人民要求的确切生存空间从未被明确界定。当然,在希特勒的话语中寻找这样的定义毫无意义。但是,即使在那些试图和平解决生存空间问题的德国人的著作中,我

---

① *The Earth and the State*,1939,p. 8.

们也不可能发现那些提倡生存空间和更多生存空间的德国人所承认的边界。对此的解释是,生存空间是食品和原材料自给自足的问题。[225]换句话说,这是一个世界各国之间相互关系的问题。国家之间不断变化的关系必然导致每个国家的生存空间概念不断和直接变化。在这样一个时代,当德国在东方和西方征服比战前德国生存空间理论家所希望的更大空间时,其概念甚至对德国人民来说也失去了魅力。人口过剩的呼声是格瑞姆的《没有空间的人民》中雄辩的论点,即使对最天真的德国人来说也没有多少分量,因为当时战争组织的主要问题是从被征服国家引进奴隶劳工。

这些只是德国在生存空间和人口压力问题上的小插曲,她已决定不再成为国际大家庭的成员。德国外交政策的大喇叭不断重申她在这个问题上的信条。伪科学的主张经常被推翻。因为,如前所述,在豪斯霍弗的德国地缘政治学中,生存空间概念只扮演了一个方便的情感工具的角色,用来"教育大师"和建立热情的同伴关系。在这一连串的生存空间、在"有"生存空间的国家和"没有"生存空间的国家、在抵抗力量和复兴力量的背后,豪斯霍弗的核心圈只是在冷静规划以德国为主角的世界上最伟大的革命。在这场斗争中,德国将使用20世纪权力政治的所有武器,[226]而不会流下人道主义的眼泪,也不会被诉诸正义的情感所打动。

然而,我们不愿过分关注豪斯霍弗对生存空间神话的宣传利用,但这并不意味着我们可以完全忽略人口问题(总是与空间有关)在德国地缘政治学讨论中的重要作用。正如我们所看到的,地缘政治学的动态将国家视为受生物规律支配的有机体,将空间和人类视为一个不可分割的单位。因此,用拉采尔的话来说,地球上的国家被看作是一个"不断向前和向后移动的液态物质"。在此观点之下,拥有幸福和生存空间的感伤梦想的个人并不存在,所存在的只是受地球约束的大国按照预定的周期扩张和收缩。

我们可能不喜欢透过这种极权主义的眼镜来审视这个世界。然而,通过这样做,我们实现了一种全球性的人性观:不是自由人的人性,而是为生存而斗争的无定形的大众(amorphic mass)的人性。这是一种宿命论的观点,蔑视中产阶级多愁善感的生存空间理想。中产阶级不需要壮丽和荣耀,只需要独处就能得到满足。豪斯霍弗地缘政治学的生存空间是整个地球。

这种思维的一个典型结果就是豪斯霍弗的边界(frontier)概念,他认为边界是国家分界线的最重要表现。为此,豪斯霍弗专门写了一本最有趣的书。① 该书表明他是边界问题的复杂政治地理层面的大师。豪斯霍弗关于边界的观点符合生存空间的基本概念,[227]即使画得最奇妙的边界也不例外。它否认人类有能力通过制定法律和绘制几何线条来创造生物学上公正的边界。一个民族必须接受边界意识和边界本能的教育。如果人们在边界中只看到永恒不变的分界线,这个目标就永远无法实现。

尽管所有这些方法对学生来说似乎都模糊不清,但这些概念的政治目的是让德国人民相信他们正遭受着威胁国家生命的空间狭小问题。但另一方面,德国人并不需要屈从于这种空间狭小。其目的是让德国人民"看到",边界是政治体的"外围皮肤",是生命有机体的呼吸器官。因此,一个尊重边界的世界组织,在我们的革命时代只是已沉没了的过去的僵硬见证,应受到

---

① *Grenzen in ihrer geographischen und politischen Bedeutung*,1927.

蔑视。对德国的地缘政治学来说,生存空间的目标是破坏边界。从德国作为世界革命的合作伙伴的角度来看,这些边界对国家生命来说是屈辱和窒息。这就很自然地引出豪斯霍弗的地缘政治思想和战略的主旨:寻找那些从生物学角度来看与德国人处于相似的狭小空间和人口压力状况下的动态力量。对于一个拒绝寻求以和平手段解决国际问题的思维过程来说,[228]任何试图在人与人之间达成更好理解的尝试都只是软弱和颓废的证明。人口过多的国家之间的共同命运使它们成为注定的盟友。因此,豪斯霍弗关于生存空间的战斗呐喊试图唤醒所有那些正在受到或感觉会受到现有边界限制的民族采取行动。这是从战略要塞德国向中国、印度、俄罗斯以及法国、荷兰和美国等太平洋帝国数以百万计被压迫的人民发出的全面战争的呐喊。① 这是对大混乱的呼唤。在提到这个问题时,豪斯霍弗故意忽略了数百万可能被牺牲的流血牺牲者。

这种生存空间宗教的全部哲学都体现在斯宾诺莎的话里,豪斯霍弗经常引用这句话来描述他自己的人生哲学:

> 任何人都有同样的权利,只要他有力量。

同时我们毫不犹豫地补充说,地缘政治大战略的危险性及其伟大性在于它不局限于军事因素。世界上没有任何军事科学能比这更好地预见即将到来的战争和世界革命的极权主义性质。

因此,德国地缘政治学要求将权力的每一种表现都纳入其领域内。地缘政治因此失去了被认为是一门科学的权利,这一

---

① *Grenzen in ihrer geographischen und politischen Bedeutung*, 1927, p. 270.

点并不重要,重要的是它普及了某些人口问题,并使政治和军事领导人以及重要阶层的人意识到这些问题,而这些问题在过去一直是少数学生的专利。[229]因此,豪斯霍弗和他的学派不仅在严格的地理意义上为重要的德国读者打开了全球视野,还有力地引起人们对人口统计学的生物学层面投以关注。这使得关于国家和种族兴衰的知识成为制订大战略的基础。在研究中,我们发现了对所有重要国家的出生率所进行的连续的比较分析。这种分析使德国人意识到,当亚洲人民反抗压迫者时,出生率的进一步下降将对他们这一代和他们的后代意味着致命的危险。西方世界的人口趋势与亚洲的人口趋势之间形成了鲜明对比,对于像德国一样出生率从1900年的38.0下降到1937年的18.8的国家来说,这一对比足够有效。对于一个承认战争是社会基本准则的世界观来说,呼吁提高出生率是出于军事和爱国的目的。在爱好和平及不切实际的民主国家中,这种"炮灰"论点使公众舆论长期以来普遍认为,呼吁提高出生率是法西斯思维的特征,没有意识到这是一个国家(一个意识到自己作为国际大家庭一员应承担使命和责任的国家)健康和乐观的表达。

当今人口趋势的研究与那些将在1950年或2000年因其人口规模而宣称要寻求"阳光下的地盘"的国家的未来人口趋势的预测紧密相连。[230]对于一门将预测视为其终极目标的"科学"来说,推测地球养活后世的能力令人着迷。这些问题被德国地缘政治学家们业余地处理和普及。他们巧妙地利用了经验丰富的科学家(如彭克①)的发现,而自己却没有做出任何新的贡献。

---

① [译注]Albrecht Penck(1858—1945),德国地理学家,地质学家,著有两卷本《地球表面的形态》(*Morphologie der Erdoberfläche*)。

但在德国,所有这些推测都导致令人不快的意外。即使是最乐观的占星家也预见到了停滞,这表明2000年的德国人在数量上并不比二战爆发前的德国人更强大(尽管生理年龄更老)。与俄罗斯的出生率相比,这样的前景引起了军事规划者的警觉。对于豪斯霍弗一派来说,出生率和人口发展的长远前景,加上窒息和被包围的心理,揭示出将德国的力量与未来的亚洲强国联系起来的迫切需要。因为除了地理空间优势,亚洲强国还拥有不断增长的人力资源财富。德国地缘政治学家总结说,如果人们不得不接受这样一个事实(即从长远来看,德国不可能在亚洲崛起的浪潮面前保持自己的实力),德国的战略就必须以与东方结盟为目标。只有这样的联盟才能让德国在垂死的殖民帝国给更强大的继承者留下的战利品中分得一杯羹。

虽然这种推理可能会被批评为业余和不人道,但豪斯霍弗及其团体成功地将政治和军事领导人的注意力集中在[231]那些对国家生活有重大影响的社会症状和波动上。因此,像德国这样的国家,其地缘政治观点很自然地包括任何有关土壤与人的关系的主题。诸多问题只是生存空间概念的一部分,如水土流失和保护、公路和运河建设、人口重新安置和转移、和平时期与战争时期的工业再分配、电力的生产和分配等等。越来越多的人几乎本能地理解了生存空间在生物学意义上的重要性。在《人类命运中的地理学》一书中,皮蒂(Roderick Peattie)指出:"我们美国人不那么受土壤和地域的束缚,因此与环境不太和谐。我们没有农民意识。"①像面对所有结论一样,对此我们也

---

① Roderick Peattie, *Geography in Human Destiny*, George W. Stewart, 1945, p. 276.

应该持保留态度。但这也解释了为什么美国人很难理解德国生存空间信条中所有理性、感性和感伤的部分。

然而,皮蒂在这个国家所怀念的人与环境的和谐,豪斯霍弗绝不认为是德国的现实。皮蒂怀念这种和谐,所以他认为一切罪恶的根源在于城市化浪潮上升所带来的生物影响。豪斯霍弗学说的一个重要教育价值在于,他强调城市时代对世界各地都有影响,而不仅仅是在西方。农村向大城市迁移,城乡民众之间的隔阂日益加深,大量人口向城市流动并在城市与城市之间流动,[232]这是工业革命现阶段最深远的表现。因此,是"作为生存空间的大城市"这一生物有机体,其人口趋势和人类物质,而不是堕落的乡村人民的政治意愿决定了国际政治。这一主题成为豪斯霍弗野蛮交响曲中一支强有力的曲调。"在城市化的人们调和世界政治主旋律的地方,它的建筑就坐落在起伏的地面上。"①还是那句话:"大都市消耗地球表面生命的程度远远大于它创造和增加生命。"②他的贵族立场很明显:"任何形式的生命都无法维持,除非它扎根于土壤。城市化和工人阶级对城市大众的统治由于否定了这一事实而危及地球上生命的重要法则。"③

在关于城市因素对大国权力政治影响的全球评估过程中,人们不断对苏联的城市化问题进行研究。从俄罗斯工业化的东进趋势和乌拉尔山脉新工业中心的崛起中得出的军事结论,是对豪斯霍弗在总参谋部的朋友们的一个警告。但他并不是在苏

---

① *Journal of Geopolitics*,1939,p. 365.

② Haushofer in Introduction to Gattineau,Urbanization,etc.

③ Haushofer in Introduction to Gattineau,Urbanization,etc.

联看到大城市带来的衰败迹象。这些迹象出现在欧洲城市的墙上，令人惊讶的是，这些迹象也出现在季风带亚洲的城市中。[①] 中国和印度的城市化进程明显在加快。自 1927 年以来，我们发现大多数日本人口都城市化了。豪斯霍弗不厌其烦地指出我们这个时代城市发展所带来的严重的社会和国际后果。[233] 在其中他看到了人类未来所依赖的为数不多的决定性问题之一。这里的"人类"指的是未来帝国。他一次又一次地回到罗马帝国。他认为，罗马帝国的衰落是由于罗马无法找到解决其城市化问题的方法。[②] 芒福德（Lewis Mumford）的《城市文化》（*The Culture of Cities*）等书证明，至少有些美国人与豪斯霍弗一样清楚地看到了城市崛起对世界文明造成的严重后果。城市化问题是我们这个时代向人类提出的一些最关键的谜题。

　　无论我们强调"生存空间"、出生率还是人口趋势，我们都会发现问题的核心在于一个相互关联的世界单位。因此，生存和拯救的唯一希望在于和平和超国家合作。豪斯霍弗和他的弟子们选择了"帝国主义"的道路。他们坚信，面对人类如此巨大的革命，那些仍然相信世界和平的人应该被消灭或沦为奴隶。因此，将空间增长和缩减的"规律"与出生率增长和下降的"规律"结合在一起的全球观，就成了帝国主义的仆人。它敢于让德国不顾比以往任何时候都要大的困难，成为亚洲起义的伙伴和领袖。联合国人民正在匆忙集结他们的精神力量以配合

---

　　① 　K. Haushofer, "Migration – Pressure of the Monsoonlands", *Journal of Geopolitics*, 1933, pp. 224 – 234.

　　② 　豪斯霍弗在《古代经济发展》（*Economic Development of the Ancient Times*）一书中密切关注 Edward Meyer 的论点。

新野蛮主义的全球计划。在努力学习地理课程的同时,他们面临着忽视生存空间挑战的危险。因此,豪斯霍弗将研究范围扩大到全球人口问题,[234]对我们来说这是一个及时而重要的提醒。

我们是否看到这些即将发生的事件的迹象,就像我们在终极危险时刻应该看到的那样? 1942 年 6 月 7 日,来自伦敦的一份关于英国社会健康委员会会议记录的报告概括了整个问题的挑战,甚至包含比豪斯霍弗的帝国地缘政治学具有更大威胁的某种东西的要点:

> 国王的御医霍德勋爵(Lord Horder)说:"应该从整个世界的角度来考虑人口问题,因为东方对西方的影响是人类历史上不可避免的因素。"
>
> 在讨论西方的人口不足问题和东方的人口过剩威胁时,提特马斯(Richard Titmuss)①说,仅俄罗斯的白种人就以每代 30% 的速度稳步增长,但英国的宠物狗数量则比五十年前多出一百五十万只。身穿准将制服的克鲁(Francis Albert Eley Crew)教授说,这场战争不是军队之间的冲突,而是出生率之战。②

出生率之战正在塑造我们这个时代的世界历史。这是一场无声的斗争,大多数历史学家仍将人口现象视为继子,但这并不

---

①　[译注]提特马斯(1907—1973),英国社会研究的先驱,伦敦经济学院社会管理学教授。他创立社会管理学科并担任该学科的创始主席,著有《社会政策问题》《福利国家论文集》和《收入分配和社会变革》。

②　*New York Times*,8 June 1942.

影响这位英国将军教授的大胆主张。我们应该从敌人那里学到的一个基本教训是,全球地缘政治观不能停留在世界政治的地理含义上,还必须包括人口的趋势和压力。世界人口膨胀和减少的周期性波动是一种摇摆不定的基础,[235]未来几年的大战略被迫在此基础上站稳脚跟并发挥作用。然而,尽管国际关系中有机人口政策存在着巨大的不确定性,但即使在我们这个动荡的时代,某些重要的趋势仍然显而易见。可以肯定的是,这些趋势只能在大约50年的有限时期内被察觉。但这50年是两个世纪工业革命中最关键的阶段。在我们这个时代,对和平的征服取决于我们阅读墙上标语的能力。

自德国地缘政治学的弟子们开始寻找新的生存空间以来,他们从未停止过努力。他们一直在孜孜以求以确定那些可能成为未来冲突和世界权力摇篮的地区的人口可能会如何发展。德国人口的生物增长并没有让他们陷入虚假的安全感之中。自工业革命来到德国以来,德国人口在七十五年内翻了一番。同样,英国的人口也翻了一番。这一趋势绝不是西方国家或白种人的典型特征,而是铁器时代给所有正在经历工业化进程的国家的致命礼物。日本只用五十年就使人口翻了一番。全世界人口正在以每年1%的八分之五的速度加速出生,每年出生人数超过死亡人数约1140万。这意味着,在不到一百年的和平发展中,居住在地球上的人口将是现在的两倍。[236]在这场出生率的革命中,胜利将属于最强大的军队,而最强大的军队将由人类生命的最大产出提供。这是豪斯霍弗决定主张德国与苏联和东方觉醒国家建立友谊的一个决定性因素。西方(这里指的不仅是欧洲,还有北美和澳大利亚)正显露出明显的疲惫和衰老迹象。尽管在战争爆发之前,西方的人口仍在缓慢增长,但西方不能繁衍生息的时代已经到来。它的人口即将减少，或者至少变得静止不动。

如果我们认为德国地缘政治学派只是模仿斯宾格勒或斯托达德（Theodore Lothrop Stoddard）的流行警告，那我们就错了。[①]豪斯霍弗学派知道，与其他种族相比，白种人拥有如此多的土地和其他优势，以至于警告说有色人种会对白人发动侵略战争纯属无稽之谈。相反，对政治地理学和人口学的共同考虑使德国观察家们再次将注意力集中在亚洲的俄罗斯及其东部邻国地区。在德国入侵前，俄罗斯的出生率略有下降，死亡率迅速下降。她在白人总人口中所占比例正在稳步上升，这使西方国家处于不利地位。如果亚洲俄罗斯在出生率之战中获胜，她将使心脏地带充满阳刚之气，使历史的地理枢纽真正成为人类未来命运的中心。地缘政治的人口因素不可避免地强化了豪斯霍弗的信念，[237]即德国为了生存，必须寻求与俄罗斯和亚洲人民的友谊。[②]

敌人是最好的老师！

---

①　斯宾格勒，《即将到来的有色人种的世界革命》（*The Coming Colored World Revolution*）；斯托达德，《有色人种的崛起浪潮对白人至上主义的威胁》（*The Rising Tide of Color against White World – Supremacy*）。

②　关于上述问题更详细的讨论，参见 C. Gini and R. R. Kuczynski, *Population*, *Lectures on the Harris Foundation*, Chicago, 1930; A. M. Carr – Saunders, *World Population*, Oxford, 1936; E. M. East, *Mankind at the Crossroads*, New York, 1923; G. H. Knibbs, *The Shadow of the World's Future*, London, 1928; H. Staudinger, "Problems of Population", in Speier – Kahler, *War in Our Time*, New York, 1939; *Journal of Geopolitics*。

第十章　地缘政治与人性

> 耶稣又对众人说：你们看见西边起了云彩，就说，要下一阵雨；果然就有。
>
> 起了南风，就说将要燥热；也就有了。
>
> 假冒为善的人哪！你们知道分辨天地的气色，怎么不知道分辨这时候呢？
>
> 《路加福音》第十二章

[238]回顾对德国地缘政治领域的探索，我们意识到我们的目的给我们施加了什么限制。我们的任务是一项政治任务。我们希望了解敌人，了解敌人现在和将来的心态和目的，并向敌人学习。采用这种方法，我们就不能指望对地缘政治学的所有地理和意识形态表现有一个完整和系统的了解。相反，我们试图了解一些事实，并得出对于危险时刻来说具有重要政治意义的结论。这就要把前几章得出的这些结论汇集起来。

德国地缘政治学的世界观应该给我们什么样的启示？如果在本章中[239]仅仅关注豪斯霍弗的德国地缘政治学是否是一门真正的科学这一学术问题，我们原本可以在探索其扭曲的学说方面止步。带着日耳曼式的迂腐和对"合法性"的热衷，他们的教条只有一个目的，那就是表明德国的征服之旅在科学上是"合法的"，是自然法则的体现。

　　我们必须明白,豪斯霍弗主义世界观的含义超越了希特勒血与土信条的原始假设。它并没有长久地扎根于承认明确边界的生存空间的资产阶级领域。豪斯霍弗主义在意识形态上取代了这一观点。它将广阔的空间视为征服者和世界统治者的家园。对他们来说,整个地球都是他们权力欲望的舞台。慕尼黑的第二个世界观是"帝国主义欲望的形而上学"。① 从巧妙的战争策略规则中,它看到了一门德国自然科学的永恒法则。有人说,每块土地都有其应得的地缘政治学,而德国的地缘政治学就是一块不知道如何利用自由和民主的土地。豪斯霍弗主义赢得了许多德国人的心,特别是在统治集团中。即使我们去掉其戏剧性魅力,豪斯霍弗主义仍然足够强大。豪斯霍弗集团是一个权力集团的代表。在这个集团中,少数狂热、幻想破灭和宿命论的领导人指挥着好战的部落争夺中心地带。其成员故意放弃他们的身份。[240]少数精英的权力意志决定了群体的命运。

　　豪斯霍弗主义可以归结为一门权力政治和权力战略的自然科学。在这门科学中,追求幸福的人不存在。近几十年来,德国出版了三千多份地缘政治研究报告。这些报告运用了通过地理和战略训练获得的所有技能,但对人类生命尊严的尊重从未出现过——甚至在字里行间也没有。美好的地球只是权力的目标。在这个目标中,人类的生命没有任何价值,平民的希望和恐惧也得不到尊重。德国地缘政治学因此变得越来越像战争地缘政治学。其弟子们越来越重视他们试图建立的新地缘政治超级科学:军事地缘政治学(Wehr – Geopolitik)。

---

　　① 参见 A. B. Wittfogel 对马克思主义和地缘政治学的比较研究(*Journal of Geopolitics*, 1932, p. 581 ff.)。

欧洲的一些地理专业的学生,特别是在危险日益上升的法国,他们一定程度上看到了这种世界观的形成过程。多年来,法国地理学家一直批评德国的地缘政治学。理由是,对德国来说,空间和土地意味着一切,而人类则几乎什么都不是。他们试图反对将人作为地理因素对象的宿命论观点。他们警告德国人,"框架没有任何意义,重要的是内心。必须尊重这一点"。他们用一种只有在法国垮台后的今天才能充分体会到的悲剧性调子,试图引导德国地缘政治学家重新尊重人类的灵魂,[241]提醒他们记住德国诗人的话:"神死了,这个民族也就死了。"

这种对德国权力战略家更好本能的呼吁当然没有受到重视。这些地理学家的声音在他们自己的国家也没有被听到。他们徒劳地指出慕尼黑日益壮大的学派及其"重建德意志帝国的强大和辉煌"目标的危险性。早在 1932 年,德芒戎(Albert Demangeon)就指出,豪斯霍弗的学说不配被称为科学,因为它只不过是德国的民族宣传事业和民族主义教育事业。① 德芒戎和豪斯霍弗学派的其他批评者都从学术科学的高度睥睨着慕尼黑的策划者。他们一致认为"地缘政治是一种战争工具,是一个发动攻击的阴谋(coup monté)"。

尽管戳穿了豪斯霍弗主义者的科学抱负,法国以及英美世界的批评家们都低估了德国权力精英的推动力。豪斯霍弗主义之所以如此强大,很大程度上在于这样一个事实。这种自然科

---

① 德芒戎关于政治地理学的文章发表在 1932 年 1 月 15 日的《地理年鉴》(*Annales de Geographic*)上,页 22 - 31。《地缘政治学杂志》(页 577 - 607)对这篇文章进行转载,并于 1932 年用一期的篇幅对其学说进行批评。

学家的信条(冷静地、玩世不恭地把战争作为社会问题的最终解决方案)不只是被德国军国主义者所垄断。这是一个在全世界范围内都存在的信条。托尔斯泰(Lew Nikolajewitsch Tolstoi)的《战争与和平》最为清晰地描绘了这种战争自然科学家的形象。在这部小说中,安德烈亲王(Prince Andrew)思索着曾在俄罗斯军队服役的德国将军冯·普富(von Pfuhl)奇特而迷人的性格。他是一个"有着荒谬自信"的人:

> [242]他对自己一无所求,没有仇恨,只是希望看到基于多年研究的计划得以实施⋯⋯我们不可能不尊重他对一个想法的专心致志⋯⋯

安德烈亲王对这些伟大战略家的人性进行了思考,对他们来说,在一个非人性的、超越爱与恨的世界里,战略的精湛技巧意味着一切。安德烈亲王认为:

> 一个好的领导者不需要是天才,也不需要有任何卓越的品质。相反,人类最崇高、最高尚的品质——爱、诗意、温柔、探究和哲学怀疑精神——必须在他的视野之外⋯⋯他必须远离所有的情感⋯⋯永远不要追问什么是正义,什么是非正义。①

正是由于这些非人性的品质,我们可以在慕尼黑的第二个世界观中看到对我们来说比服务于纳粹意识形态和战略需要的伪科学更重要的东西。豪斯霍弗主义远不止于此。无论在什么

---

① 感谢克劳利先生提醒我想起普富将军,从而重申我的信念,即托尔斯泰以前从未说过关于权力自然科学的人性方面的话。

地方，只要是好战精英担任国家领导，豪斯霍弗主义都是不朽的信条。豪斯霍弗的地缘政治学对德国这个权力集团的决定性影响在于其历史意义。

关于斯宾格勒的"军队，而不是政党，是未来的权力形式"这一主题，我们没有加以详细的讨论，因为有关纳粹党与德国军队间现有的和即将发生的摩擦的报道和迹象打动了我们。[243]在胜利仍然属于希特勒军团的时刻，我们远没有高估这些事态发展。而且我们知道，最近关于德国政党与军队之间利益冲突的报道有多少是一厢情愿的想法。但所有这一切并没有改变我们的信念，即如果末日来临，希特勒的德国尚未被打败的话，那么希特勒的继承人将不会是他的门徒，而是军队权力的代表。猜测纳粹悲剧的最后一幕是否会在德国军事失败之时落下帷幕是没有用的。但是，盟军在这场战争中会与德国新的统治阶层即军队对抗，将这一点纳入政治战略并不是一种猜测。这就是为什么我们要探索那些将豪斯霍弗主义的军事世界观确定为德国军队精英的世界观的"法则"。因为，只有当我们看到它的冷静和大胆，看到它是一门在战争及和平中都存在的战争政治的自然科学，我们才能确定联合国是否能够与豪斯霍弗主义的代表达成与希特勒无法达成的和平。答案是"不能"，但不应该把这个"不能"看作太明显的答案。我们不要忘记，美国人民可能不得不在胜利似乎遥遥无期的时候做出决定。和平提议可能由德国的一些人提出。作为人类，这些人似乎与希特勒及其副手完全不同。掌管德国的军队精英可能会终结希特勒主义中最令世人震惊的东西——因为人们的信仰而对他们进行迫害[244]以及对思想和信仰自由的压制。也许，在某种程度上，它会结束弱肉强食的丛林统治，让一个从军队中产生的新的"绅士"统治阶级掌权。古老的普鲁士人的责任感和服务意识也许会恢复。德国新统治者可能准备通过国际合作来解决人口过剩问题。如果和平提议来自德国人民而非希特勒,如果和平提议是在胜利悬而未决的时刻提出,对饱受战争之苦的国家的人民来说,这确实会有相当大的诱惑力。

理解豪斯霍弗主义的世界观不仅有助于我们预见德国将要发生的事情,还会使我们做好准备面对这些事情。它警告我们要防止豪斯霍弗主义势力在我们自己的防线后面发挥作用。事实上,战争地缘政治学的自然科学得到了所有阵营拥护者的支持。真正的危险就在于,他们的工作也同样是在德国地缘政治学所特有的那种迷雾笼罩的处境中完成的。

豪斯霍弗主义具有传染性。我们试图揭示它的组成部分,它是权力政治的原始宗教和事实数据的混合体。因此,对豪斯霍弗主义的评价揭示了消极因素(就其世界观而言)和积极因素(因为德国地缘政治学在学习基本地理知识和在战略和国际政治中得出重要结论方面取得了成就)。[245]这些积极的因素解释了豪斯霍弗及其学派的学说给我们思想带来的深刻印象。我们当初在战乱中开始意识到自己缺乏地理知识和直觉。因此,毫不奇怪,我们中的许多人在政治地理学的课程中采纳了豪斯霍弗主义的特征。正是这些特征使这个地理学派成为权力欲望的政治信条。

本书的目的之一是警告我们中间的地缘政治自然科学家。豪斯霍弗地缘政治思想的活力可以通过这样一个事实来证明。在美国,一些有政治头脑的思想家被地缘政治学的旋律所迷惑,这些旋律出自他们的误解,实际上却是非人道的权力政治野蛮的不谐和音。美国地缘政治的意识形态格言不是由我们的武装部队的代表而是由大学教授说出的,这更危险。伯纳姆(James Burnham)教授的《管理革命:世界正在发生什么》(*Management Revolution:What is Happening in the World*),斯皮克曼教授的《世界政治中的美国战略:美国与权力平衡》(*America's Strategy in World Politics:The United States and the Balance of Power*),伦纳(George T. Renner)教授在《科利尔周刊》(*Collier's*)上发表的"新世界地图"(Maps for a New world),这些研究都主张采用德国地缘政治思想的现实政治模式。在其基本的世界观中,他们提出了美国地缘政治学最典型的例证,美国地缘政治学不仅成功吸收德国地缘政治学的有形资产,而且也吸收其无形资产。毋庸置疑,豪斯霍弗主义的地缘政治有形资产是美国公众、领导人和追随者们迫切需要的维生素。长期以来,他们一直缺乏这种维生素,因此无法实现一种全球观点以取代大陆和半球观点。[246]但慕尼黑第二世界观的无形资产在我们的系统中是毒药。

像斯皮克曼和伯纳姆这样的书,其危险性不在于它们给我们提供了全球思维的基本指导——我们迫切需要这些指导来赢得战争并为和平做准备,而是在于它们腐朽的世界观。这不是单纯的学术问题,而是迫在眉睫且极其重要的问题,因为他们的政治地理学实际上是一种地缘政治学,与豪斯霍弗的普鲁士军国主义哲学没有任何区别。

美国地缘政治学的所有新弟子们都有一个共同点。他们与豪斯霍弗及其团队一样,完全蔑视那些没有学过地理、不知道"如何绘制地图"的权力政治的"业余人士"。他们的蔑视不仅是针对民间的"业余人士",对"国家部门的业余人士"更是如此。① 正是

---

① Cf. George T. Renner,*Collier's*,June 1942,p. 14.

在这种战略家、政治家、未来的和平缔造者和我们这个时代的人民的低效和业余的背景下,美国地缘政治思想的新学派应运而生。但是他们对自己的工作有点过于骄傲,因为他们忽略了一些基本的东西,没有这些东西人类就无法生存。他们被全球权力政治的压倒性力量蒙蔽了双眼,完全忽视了社会和经济力量,而这些力量与主张权力平衡的军国主义同样强大。他们忽略了某些一般性的东西,而豪斯霍弗式的现实政治家被训练成[247]无视这些导致"民主国家"软弱、颓废和衰落的政治情感主义的不相关因素。

我们能否无视那些对人类情感具有巨大吸引力的一般性原则:《登山宝训》的格言、政治伦理、正义与非正义、自由与人性、正在经历这场战争苦痛的数百万人的希望与恐惧?难道它们不是新世界"地缘政治"结构的基础吗?地缘政治的自然"科学"确实必须否认这种情绪化和"非理性"价值观的有效性。无论是人类的希望和恐惧,还是不成文的人类行为法则,都不是他们的系统的组成部分。这是一场冷酷的权力政治博弈,棋手们事先知道今天的赢家将是明天的输家。因为这是所有为了新的权力平衡而赌博的人不可避免的命运。他们在内心深处知道,仅仅包括重新建立权力平衡的结局只能是暂时的。这种平衡将被大地和空间法则的强制需要再次打破,这些法则"决定"了人类的发展。

地缘政治学的自然"科学"为下一次世界大战提供了武器。对地缘政治学的先知们来说,和平只意味着一个喘息的机会,以组织力量来赢得第三次世界大战。他们的座右铭是"如果你想要和平,就为战争做准备(Sivis pacem para bellum)"。在他们可怕的哲学中,这是永恒的真理。"四大自由"(Four Freedoms)①的未来世界不属于他们。

[248]但普通人(common man)不喜欢这个想法,毕竟我们被告知这个世纪属于普通人。这当然不是他们愿意为之生、为之死的想法。

然而,我们不应该站在崇高的高度,虚伪地攻击地缘政治学的信条,好让善良、单纯的人怀着对和平的天真渴望惊恐地俯视着现实政治家们集结军队的血腥土地。我们的敌人拥有非常有效的武器,不可能被情绪的爆发或政治道德的说教所击败。我们绝不能低估他们最强大的武器。事实上,在过去,权力斗争始终是历史的主旋律(leitmotiv)。那么,地缘政治学家们会问,为什么它不会成为未来的主旋律呢?现实政治家们(Realpolitikers)愤怒地宣称,理想主义者才是我们文明的真正掘墓人。他们用国家间永久和平与团结的摇篮曲哄我们入眠,而敌人则全副武装,生养更多的孩子作为坦克的炮灰。

在这一点上,当前美国政治权力信条的谬误变得显而易见。奇怪的是,美国的地缘政治家们并没有得出结论,而如果从全球视野来看,这些结论在地理学和意识形态上都是不可避免的。在世界历史上,整个世界第一次成为国际政治中一个封闭的政治单元。这一事实的后果本质上是一场世界革命。说起来容易,但其影响遍及全球却很难察觉。它是革命性的,因为在国家

---

① [译注]四大自由是美国总统富兰克林·罗斯福于1941年1月6日星期一阐明的目标。在"四大自由演讲"中,他提出世界各地的人们应该享有的四项基本自由:言论自由、信仰自由、免于匮乏的自由、免于恐惧的自由。

甚至大陆基础上实现暂时权力平衡的旧机制已不再起作用。[249]这些旧机制已经过时。我们已习惯于谈论希特勒统治世界的计划,以至于没有充分考虑这些目标的革命性意义。我们没有充分发挥想象力来充分理解,鉴于这种极权主义的野心,如果他们赢得战争,联合国的世界也将是一个封闭的单位。在它的世界范围内,旧的权力游戏将无处立足。

除非毫不妥协地接受这一后果,否则,我们很容易成为等同于宗教信条的地缘政治世界观的牺牲品。这将意味着对自然"法则"的宿命式屈服,自然"法则""决定"人类命运,并将人类引向争夺权力的永恒战争之路。我们试图说明德国地缘政治学的意识形态根源,这些根源将这一强大的信条描述为德国独有的产物。我们比以往任何时候都更需要明确区分德国地缘政治的唯物主义宗教和我们自己的思想。这是因为不仅有以权力政治博弈为最终目的的美国豪斯霍弗主义者在我们中间忙碌,更重要的是,这个国家的平民对他正在努力争取的那种永久和平几乎一无所知。豪斯霍弗未来世界的宏伟计划至少应该让我们设想一下他的世界和我们的世界的区别。这一鸿沟远比《大西洋宪章》(Atlantic Charter)中的模糊概括所表明的要深得多。[250]《大西洋宪章》是针对希特勒的世界帝国的一项对抗计划。德国在这场战争和即将到来的和平中的大战略,不仅在物质上,而且在意识形态上都具有全球性质。仅仅高举我们对基督教、人性和民主的理想主义观念来反对敌人和我们中间的豪斯霍弗主义者是不够的。我们还必须有勇气从今天和明天的世界是一个世界这一事实中得出不可避免的结论。我们必须最终承认我们的任务不是重建被推翻的主权和在一个死气沉沉的世界秩序中划定边界。要把自己的房子建造得经久耐用,需要的不仅仅是崇高的理想。我们必须学习自己的地缘政治学。① 我们必须充分认识到，在当前的世界革命中，大战略就是地缘政治，即在世界范围内将地理和战略完全结合起来。在剥离敌人的地缘政治学中的"犬儒主义和神秘主义"后，我们可以也必须在这一点上向敌人学习。

1942年5月8日，华莱士（Henry Agard Wallace）副总统在自由世界联盟（Free World Association）晚宴上发表题为"普通人的世纪"（The Century of the Common Man）的演讲时表示："书写和平的人必须考虑到整个世界。"如果战斗人员、领导人和普通人都不从整个世界的角度考虑问题，就不可能有争取和平的战略。这需要地缘政治的指导，而这种指导必须大大超越我们目前幼稚的地理概念。与不久前相比，我们今天在地理上的落后没有那么明显。战争一直是一个很好的导师，[251]我们的地理知识正在快速增长。② 然而，我们仍然远远落后于德国地缘政治学派的教育成就。几十年来，他们一直谨慎而有条不紊地开展工作，心中只有一个目标：为德国精英在即将到来的世界革

---

① F. L. Schuman, *Current History*, 1942, p. 161 ff.

② 在这一过程中最重要的是地图制作的发展。我们必须从德国人身上学到最重要的一课。德国人发展了利用地图作为教育和宣传手段的艺术，而且是以高效和无情的方式。"暗示性地图"和"作为武器的地图"是豪斯霍弗工作室里常见的工具（参见作者的文章"Maps are Weapons"，*Survey Graphic*, October 1941, p. 528ff）。客观地说，我们在美国没有滥用和伪造地图作为宣传武器，如果我们忽略 George Renner 教授不负责任的试图绘制"新世界地图"，其中瑞士共和国已被消灭。但是，我们的地图设计师，特别是《财富》杂志的工作人员，做了一项了不起的工作。他们让我们通过动态地图而不是过去的静态地图来看待世界，从而使我们国家感知地缘政治的动态。

命中发挥积极作用做好准备。我们有必要在初级基础上及时发展我们自己的地缘政治学，以便美国人民，特别是美国青年，能够看到我们这个时代的全球性方面，并具备良好的地理知识，为像战争本身一样的全球和平做好准备。

在这样做时，我们可以采用豪斯霍弗及其团队所打造的许多工具。我们并不是说这个国家本身没有足够的书籍可以作为这种教学的基础。鲍曼的《新世界：政治地理学若干问题》和埃梅尼（Brooks Emeny）的《原材料战略：美国和平与战争研究》（*The Strategy of Raw Materials：A Study of America in Peace and War*，1937）可以说是杰出的地缘政治教科书的两个范例。但和其他的书一样，[252]它们似乎向普通读者展示了一大堆令人生畏的事实，应该辅以更基本的讨论。

只有成功地使地理学充满活力和人性化的良好的教育方法，①才能在我们的国家创造出那种"地理意识"。只有能够从全球地理学的角度来理解历史的政治地理世界观，才能涵盖大陆强国的崛起。因为在争夺世界统治权的殊死斗争中，正是这些陆上大国和海洋大国之间的斗争代表了我们这个时代的世界革命。豪斯霍弗的地缘政治学，将拉采尔和麦金德的世界观作为长期战略的基础，使其读者感知到陆权时代的来临。我们遵循的是豪斯霍弗的路线，即敌人的路线，因为它的观点在联合国领域无与伦比。从莱茵河到长江的"跨大陆集团"是这一长远观点的逻辑结论，也是德国地缘政治战略的最终目标。虽然在撰写本文时，俄罗斯平原上的乌云看起来比以往任何时候都要黑暗，但我们敢预测，希特勒对俄罗斯的战争对纳粹来说是一个

---

① Hendrik Willem van Loon 所做的工作令人钦佩。

致命的错误。

这位德国将军从英国地理学家那里学到的、被希特勒拒绝接受的教训，是我们可以而且必须吸取的教训。我们能否及时吸取这些教训不仅将决定战争的结果，也将决定随后和平的性质。

今天，亚洲的俄罗斯和中国占据着关键位置。他们是欧亚大陆心脏地带的陆地前线。[253]在这些战线上，机械化军队将决定战争的走向。同样重要的是，在同样的战线上，战争加速了现代技术体系的融入，形成一个以现代技术为中心的新的历史阶段。

虽然我们中的许多人仍然认为北美和欧洲是我们这个时代历史的重心，①地缘政治学却告诉我们，欧亚大陆和北美大陆是决定人类未来的冰川带。欧洲将不再是世界征服者和世界改革家的起点。

试图确定未来心脏地带的陆地边界是徒劳的。在这个有翼机动性的世纪里，心脏地带的边界与1904年麦金德时代的边界不一样了。麦金德在1942年写道："对心脏地带进行精确定义的愿望是徒劳的——它是地图上的一个战略概念。"②要理解这一战略概念——这里的战略不仅意味着战争战略，也意味着和平战略——让我们认识到这样一个事实，即我们生活在一个封闭的世界单元中。在这个单元中，主宰大陆的大国将统治世界。

---

① 一个典型的例子是斯皮克曼《世界政治中的美国战略》（页136）所表达的观点，即"俄罗斯的经济和军事力量的中心将始终位于其国土的欧洲一端"。

② 麦金德1942年6月15日致作者的信件。

这种观点将防止我们过高估计旧世界重建问题的重要性。如果德国被打败,她将不再破坏权力的平衡,[254]因为重心将向东移动。使希特勒和豪斯霍弗的梦想几乎成为现实的精神将被打破。集中在鲁尔区的巨大战争潜力将进入联合国的国际管理之下。届时,德国将慢慢地融入一个和平的国际社会。但在未来的许多年里,人类的命运将不再由欧洲决定。在俄罗斯人向东移动的同时,美国和加拿大将会发现他们向北进军的重要性,因为亚洲俄罗斯和中国正在准备建立新秩序。最后,史蒂芬森(Vilhjalmur Stefansson)试图教给我们的经验终于得到了重视。

> 第二次世界大战最重要的地理事实是,这场战争发生在温带的北半部,在球形地球上,这个地区环绕着北极……
> 欧洲、亚洲和北美洲的陆地围绕着极地地中海……这是我们的海洋,由英国和苏联的海军和空军主导,以及美国和加拿大控制……①

美国和加拿大不是世界外围的"卫星国"。技术将使它们与心脏地带密不可分。它们将与亚洲的俄罗斯和中国一起构成世界新秩序。

纸上谈兵的地缘战略家试图让我们把"新秩序"看作少数超级国家在玩的游戏,这些国家将继承当今大量的"主权"国家。他们宣称,这些超级国家将分裂世界,[255]德国和日本将成为世界舞台上的主角。完全采纳斯宾格勒宿命论作出的黑暗预言描绘了一个"自由、和平和爱被撕裂"的未来世界。记录世

---

① 参阅史蒂芬森《北极供应线》,它是我们这个时代最重要的地缘政治学研究之一("Arctic Supply Line", *Fortune Magazine*, July 1942)。

界权力平衡的天平上没有称量过这些不可估量的因素。

在北美洲、亚洲的俄罗斯和中国的广袤土地上,人类未来的道路已经开辟出来。但是,这些事件对世界革命的重要性并不在于在内陆地区聚集的有形力量。如果是这样,我们的子孙后代将在法西斯世界的战场上做生死挣扎。在这个世界中,少数几个大国相互竞争和战斗,小国的彻底毁灭将成为现实。这样的预测不会成为现实,因为世界上没有任何地方比大陆陆地更能塑造人类未来的无形资产。因为正是在这里,民主将成为一项全球性的事业,就像极权国家的全球帝国主义一样具有全球性。民主思想是被攻击国家的团结纽带,这一意识必须成为建立地缘政治结构的基础。没有这种意识,我们就不能把握新世界的轮廓。它的非理性力量和理想将成为新建筑的支柱,这些支柱与权力政治有形资产一样强大。

地缘政治的现实政治家会指出这其中的谬误,因为无论是俄罗斯还是中国,甚至是北美国家,[256]都不能被归类为"民主国家"。不过,我们不必被这些批评干扰。首先亚洲和北美人民之间的纽带是他们反对法西斯世界革命的帝国主义。拉铁摩尔①最近描述了亚洲反对帝国主义的斗争,以及反对我们长期以来支持的那种一体化的"帝国主义—民主"的斗争。对于中国反对国际政治中任何形式的帝国主义这一根本问题,蒋介石的这位顾问的描述应该为我们的国人所理解。因为,将欧亚大陆和北美大陆数百万人连接起来的统一思想,就在于一个简单的信念,即这个世界不能再存在半民主半殖民、半奴役半自由

---

① "The Fight for Democracy in Asia", *Foreign Affairs*, 1942, pp. 694 – 704.

的局面。这种趋势在中国表现得最为明显。这种趋势在印度则是不证自明的。它也是苏联各民族团结的纽带。正如华莱士和其他人所表达的,未来权力关系的伦理观念在这个国家越是成为一股生机勃勃的力量,我们的人民与此时此刻正在为我们而战的数百万亚洲人民联系在一起的意识形态纽带就越紧密。

致力于建立没有帝国主义扩张空间的新世界,这种战争目标的统一比受攻击国家表面上缺乏民主更重要。在日本入侵的威胁下,[257]国民党的民主纲领无法实现,孙中山所预见的不可避免的训政状态仍然存在。如果我们从"四大自由"的角度来考虑民主,苏联也不是一个民主国家。至于我们自己,这场战争的每一天都使我们更加清楚地认识到,我们的民主基础将发生根本性的变化。如果不改变,现在开始将世界岛的数百万人口与我们的大陆空间连接起来的重要动脉就不能得到保护。因此,另一个团结的纽带不在于民主制度的存在,而在于数百万亚洲人和苏联人现在正通过成为民主国家而走向自由这一事实。

除了斯宾格勒以其神秘主义预见到从俄罗斯演变而来的新基督教的曙光外,对德国地缘政治学的研究将我们带入一个权力政治唯物主义的世界。在这个世界中,人类在追求幸福的过程中没有立足之地。豪斯霍弗主义及其模仿者没有把握住俄罗斯和亚洲争取自由和民主的斗争的伟大意义。由于豪斯霍弗的势力没有看到这场东方革命的无形资产,将法西斯帝国主义与亚洲俄罗斯融合成一个跨大陆集团的大胆尝试注定要失败。这些无法估量的因素过于沉重,无法给豪斯霍弗的地缘政治计划提供一个机会。希特勒的德国永远无法通过与东方革命力量的和平合作来确立其作为未来陆地联合大国领袖的地位。希特勒进攻俄国时,豪斯霍弗的影子就在薄雾中消失了。1941 年 6 月 22 日开始的任务[258]比豪斯霍弗为德国在其内陆基础上的内线作战所准备的最大胆的计划更为大胆。希特勒对俄国的挑战是在完全蔑视豪斯霍弗对东方力量潜力的现实评估的情况下进行的,现在挑战已经达到顶峰。麦金德和豪斯霍弗的弟子们如果从长远的角度来看,就会一直坚信,尽管德国取得了一系列胜利,但对俄罗斯的战争将意味着希特勒和德国的灭亡。

北美人民现在有最后一次机会及时学习人性化的地缘政治学。这些学习将指导我们建立一种新的世界秩序结构。其中东方和北方的社会、经济和政治制度将与我们自己的体制相协调。命运给了美国和英国一份不该有的礼物,那就是我们的盟友俄罗斯和中国。说不该有是因为,地球上最强大的大陆强国与我们联合起来对抗自由人民的头号敌人,这远不是我们自己的地缘政治智慧所能做到的。我们的时代是陆地大国的时代。我们这个世纪的“心脏地带”也是未来全球航空的枢纽。今天,数百万的俄罗斯人和中国人捍卫着正在形成新世界的大陆。他们被命运选中,做出了人类生活中最大的牺牲。

他们年轻有活力,足以经受住考验。地理位置把我们北美各族人民与这个伟大的世界岛紧密地联系在一起。根据自然法则和我们自己的自由决定,我们是它的一部分。在它的陆地上,[259]在它的平原和山脉上空,决心建立一个自由世界的各个国家将为人类开辟一条新道路。其中包括美国各族人民,他们将驳斥德国地缘政治的信条,即“今天的美国已经疲惫不堪、老态龙钟”。如果他们仍然忠于通向明天的自由和真正民主的道路,他们就会驳斥这一信条。他们会成功吗?

＊　＊　＊

"在我靠近您所指的那座坟墓之前，"斯克鲁齐（Ebenezer Scrooge）①说，"回答我一个问题。这些是未来将要发生的事情的幻影，还是仅仅是未来可能发生的事情的幻影？"

精灵仍旧向下指着自己身旁的那座坟墓。

"人们所走的道路预示着今后的结局，如果一直这么走，就一定会走向那个结局，"斯克鲁齐说，"但是如果改变了所走的道路，那么结局也会发生改变。告诉我，您让我看到的东西也是这么回事吧！"

精灵仍然像以前一样一动不动。

―――――――――――

① ［译注］斯克鲁齐是狄更斯小说《圣诞颂歌》的主角，是吝啬鬼、守财奴的代名词。

注释说明

[262]文中的脚注指的是这本书中使用的原始材料。当然,研究德国地缘政治学的学生将主要集中于豪斯霍弗及其团队的著作(特别是《太平洋地缘政治学》《边疆》,以及豪斯霍弗等人合著的地缘政治学著作《地缘政治学的基石》,这些作品还没有英文译本)。最重要的是,豪斯霍弗的《地缘政治学杂志》包含大量的材料。拉采尔、摩尔、契伦和麦金德的著作已在文中提及。

像豪斯霍弗主持下创作的那种"地缘政治"文献在美国并不存在。直到最近,大多数美国作者都表现出非凡的克制,没有将世界观渗透到政治地理学问题的讨论中。关于政治地理学的基本书籍中,我们在文中已经提到鲍曼的《新世界:政治地理学若干问题》和埃梅尼的《原材料战略:美国和平与战争研究》和惠特莱西的《地球与国家:政治地理学的研究》。自1941年以来,美国关于地缘政治和"全球战略"的文章数量一直在稳步增长。在地缘政治学领域,在比较的基础上,我们应该提到哈特向(R. Hartshorne)的出色研究《政治地理学的最新发展》("Recent Developments in Political Geography", 1935, pp. 785 ff. , 943 ff.)及其代表作《地理学的本质》(*The Nature of Geography*, 1939),以及斯皮克曼的《地理学与外交政策》("Geography and Foreign Policy", *American Political Science Review*, 1938, pp. 28 ff. , 213 ff.)。

劳施宁（Hermann Adolf Reinhold Rauschning）的《虚无主义的革命》（*The Revolution of Nihilism*）仍然是对希特勒主义势力的杰出分析。其中包含对豪斯霍弗世界政治目标所做的有趣且相当主观的描述。胡佩（Robert Strausz－Hupé）的《地缘政治学：对空间和权力的争夺》（*Geopolitics*, *The Struggle for Space and Power*, 1942）对目前的研究做了补充，讨论了豪斯霍弗伪科学的各种后果。但其结论与劳施宁的观点并没有多少共同之处。

附　录

透过豪斯霍弗的眼镜看亚洲

> 我们树立下血的榜样,教会别人杀人,结果反而自己被人所杀。

> ——《麦克白》第一幕,第七场

在美国,所谓的"全球观"是我们近期才获得的新的地理思维和想象力。我们很难看清自己的道路,很难认识到在一个日益缩小的世界里修建高速公路和高架桥的重要性。这使得我们几乎不可能理解其他民族的"世界观",尤其是敌人的"世界观"。然而,这种理解对于赢得战争和持久和平至关重要。①

在把地理因素应用于战略和征服世界的尝试上,世界上没有哪个国家比德国更大胆。当然,我指的是在豪斯霍弗将军领导下的地缘政治学派。这群人对德国军队的战略产生了重大影响。基于这个理由,为了重新审视我们自己的愿景,回顾豪斯霍弗在世界政治中的地缘政治学原理就不只是一种学术兴趣。

豪斯霍弗是全世界地缘政治学者心目中的英雄。他将自己的观点灌输给读者的方法之一就是不断重复简单的真理。例如,豪斯霍弗喜欢引用英国地理学家和政治家霍尔迪奇爵士

---

① 本文曾以"豪斯霍弗与太平洋"（Haushofer and the Pacific）为标题发表于《外交事务》（*Foreign Affairs*, July, 1942, pp. 732 – 743）,内容略有改动。

"由于地理上的无知而付出的代价绝对难以估计"这一句话,他不厌其烦地引用奥维德的"敌人是最好的老师"和迪斯累利的"最终,见多识广者获胜"。

这三条简单的格言有助于解释美国公众对德国地缘政治学及其大师突然而惊人的兴趣。不久前,我们的地理教育还不够充分且缺乏灵感。突然间,普通老百姓和政治领袖突然意识到,我们可能不得不为无知付出高昂的代价。在危急时刻,我们终于做好"向敌人学习"的准备。"地缘政治学"这个神奇的词及其预言家的神秘个性激起了广大公众的兴趣,而希特勒的这一"秘密武器"首次出现的方式更是强化了这种兴趣。德国地缘政治学作为某种超科学侵入美国。我们上了一堂激动人心的课,题为"希特勒背后的一千名科学家"。我们被告知,豪斯霍弗及其追随者主导着希特勒的思想,而且正是豪斯霍弗指导着德国总参谋部的世界统治计划。

即使人们从这些新闻报道转向国际政治领域公认的权威,人们也会听到诸如西点军校的贝克马上校那样的评论。"历史评价将会是豪斯霍弗比希特勒更为重要,因为豪斯霍弗的研究为希特勒在权力政治和战争中取得胜利成为可能。"难怪"地缘政治"在各地成为当时的政治口号,政治作家所能获得的最高赞誉就是被称为"美国的豪斯霍弗"。全国各地的大学都争先恐后地组织成立"地缘政治学研究所"。

但德国的地缘政治学并不是可以直接为美国所用的东西,因为它具有德国世界观的所有典型特征。这是我们在理论或实践中处理地缘政治学时需要牢记的重要一点。美国的一些地缘政治学支持者已经冷静而又讽刺性地屈服于这种世界观。他们看不到地理唯物主义(geographical materialism)不过是一种动态的虚无主义。这种虚无主义只有在一个埋葬了自己的神而崇拜战神马尔斯（Mars）的国家才会盛行。所有人而不仅仅是那些强者享有自由和正义，这是基督教的简单信条。这些"不切实际"的概念在现代德国的地缘政治学中并不存在。在美国的某些"现实主义者"的论文中，我们也找不到这些信条。他们忘了，有一些无法估量的因素可以击败权力政治家最精确的计划。

同样有必要提请注意将德国地缘政治学思想和意识形态与其他国家地缘政治学分隔开来的那堵墙。不存在一般意义上的地缘政治学。它没有单一的形式。有多少种地缘政治学，就有多少个在地理条件下斗争的冲突国家，比如海洋大国和陆地大国就像白天和晚上一样不同。正如人们所说，每个国家都有其应有的政府，所以可以说它有其应有的地缘政治学。德国的定义将其使用范围限制在德国——那些试图对豪斯霍弗地缘政治学蜿蜒曲折的方式加以调整以为美国所用的人应该注意到这一警告。

我们将讨论德国地缘政治学在全球范围内"观察"太平洋和亚洲的某些方式。尽管这些方法在许多方面都大胆而有远见，但是我们必须警告人们，不要相信豪斯霍弗和他的手下对新世界拥有真正的"全球观"这一广为接受的神话。豪斯霍弗看待世界的方式与其伟大导师麦金德爵士看待世界的方式一样。这让他明白，将德国、苏联和中国领土连接成一个巨大的跨大陆区块的陆地非常关键。但麦金德和豪斯霍弗仍然是墨卡托地图的俘虏。而这个致命的错误使他们将北美大陆视为欧亚大陆之外的一个卫星区域。因此，在评价豪斯霍弗对太平洋和亚洲的看法和愿景时，我们必须牢记，它忽略了美国在这一地区的实力和地缘政治学。① 这是一个致命的错误!

在豪斯霍弗撰写的三十多篇关于印太空间的研究中(除了定期的月评外),1924 年首次出版的《太平洋地缘政治学》是其最重要的著作,被誉为德国地缘政治学的圣经。书的副标题"地理与历史之间关系的研究"清楚地表明,其目的不仅仅是分析太平洋地区地缘政治学的重要性。因此,这本书是"德国地缘政治学的理想入门书"。

早在 1908 年第一次去日本时,豪斯霍弗就已经意识到东方新势力崛起对欧洲的命运意味着什么。拉采尔关于"空间增长规律"的迷人概念给豪斯霍弗留下了深刻印象。这使他自然而然地来到太平洋沿岸,并将那里描述为"地球上最大的地理区域"。豪斯霍弗将太平洋视为一个权力领域。现在,太平洋正在慢慢觉醒,有史以来首次意识到自己是最大的陆地海洋空间之一。

> 一个巨大的空间正在我们眼前扩张,各种力量涌入其中,冷静而现实地等待着太平洋时代的到来,太平洋时代是正在老化的大西洋、已经老化的地中海和小欧洲时代的继承者。②

西奥多·罗斯福在谈到大西洋时代资源不断减少并预言太平洋时代即将到来时也说过同样的话。但豪斯霍弗说得更具体,他根据兰克的基本政治课程经验,得出了实际但长期的政治结论。

---

① Cf. R. E. Harrison and H. W. Weigert, "World View and Strategy", p. 74.

② *Zeitschrift für Geopolitik*, 1925, p. 63.

"政治是在大国冲突中,在思想领域和现实领域中捍卫和促进国家利益的尝试。"

一战时,豪斯霍弗将军率领其部队在战斗中未尝败绩。回到他饱受苦难的祖国时,他立即开始绘制新的巨大蓝图。豪斯霍弗知道,这场战争毁掉的不仅仅是德国,还有整个欧洲。他多次重复基钦纳勋爵在 1909 年对他说的话:他反对即将到来的英德战争,因为这将永远毁掉欧洲在太平洋的未来。基钦纳补充说,美国和日本将是唯一从这样一场战争中获利的国家。

深受冒犯的自尊心和祖国受强权羞辱所带来的仇恨导致豪斯霍弗欢迎有色人种世界的崛起。他带着宿命论,有时甚至带着恶意的喜悦,预见了白人种族末日的来临。这一态度是豪斯霍弗思想的特征。他不断指出白人胜利者犯了致命的错误,即允许日本人接管德国的太平洋岛屿。德国在太平洋地区失去立足点,这给豪斯霍弗提供了一个理由来宣称德国与日本的重要目标不再有任何重叠。豪斯霍弗说,德国因此可以赞同"亚洲人的亚洲"这一口号,并准备在"文化政治共生"(symbiosis of cultural politics)的基础上与日本展开新的合作。①

以下出自《太平洋地缘政治学》的引文包含着豪斯霍弗的整个太平洋哲学,并道出了其怨恨和宿命论的根源:

> 通过一项可怕的决定(其后果对那些做出决定的人来说极其严重),我们自己的种族拥抱海洋的文化和经济力量已经将我们从他们中间驱逐出去。他们让我们确信,只

---

① *Geopolitik des Pazifischen Ozeans*,1924,p. 162. 除非另有说明,后面的引用将参照这一版本。

有他们的毁灭和分解才能为我们这些现在被肢解和奴役的人创造另一种生活。因此,这就迫使我们去寻找有相似境遇和命运的同伴。在九亿东南亚人身上,我们看到了这样的灾难伙伴。东南亚人和我们一样,为争取自决权而斗争,反对一样的压迫者。但他们在某种程度上使用了更有效的武器,这些武器由印度洋和太平洋的生存环境所创造,是太平洋地缘政治学的武器库。我们看到,在这些地方,惩罚性正义的结果一部分正在筹备中,一部分已经完成。我们那些无情的经济和政治敌人和压迫者将感受到这一点。

自决权在这个概念中起着很大的作用。但这与威尔逊的理想有多么不同!小国的自决权不会进入一个全神贯注于这种信念的头脑。这一信念首先由拉采尔明确界定,即每个民族都必须接受从较小的空间概念到较大的空间概念的教育。豪斯霍弗坚信,空间概念的衰落会导致国家的衰败。

因此,他把目光投向太平洋地区觉醒的人们:

德国人被抛回到最低限度的生存状态,从太阳下被驱赶到阴影中,与自由的海洋隔绝,甚至在 1936 年之前被剥夺了在自己国内的河流自由通行的权利。德国人发现,在印度洋－太平洋地区的海滩上,地球上三分之二的人都是同样的受害者。他们渴望挣脱同样的枷锁,渴望同样的解放,渴望实现国家和个人的最高目标,即受其自身法律支配的自由人格。这就是为什么德国人不能失去与太平洋的联系的根本原因。①

---

① *Zeitschrift für Geopolitik*, 1938, p. 820.

通过研究太平洋,德国人必须重新学会从大空间的角度思考和感受。德国必须在这场世界历史的大悲剧中发挥自己的作用,如果可能的话,由豪斯霍弗担任导演。在这场悲剧中,最大陆地的民众将摆脱海洋强国强加给他们的监护。

"印度和中国为摆脱外国统治和资本主义压迫而进行的斗争,"豪斯霍弗写道,"与中欧的秘密梦想一致。"①他将自己的观点与拿破仑战争之后坎宁(Canning)的观点进行比较:

当欧洲因空间狭小而陷入瘫痪时,坎宁通过承认近东和南美洲的独立运动,为维多利亚早期几乎无风险的增长奠定了基础。现在,印太力量朝着同样的方向发展,越来越有信心地向外寻求帮助……他们向德国寻求帮助,正是通过德国,他们应该对自己的地缘政治学基础有更深入的了解。

他继续说道:

这些即将到来的事物的本能已经成为一股生机勃勃的力量,小国自决的战斗口号曾被用作欺骗世界的临时战术手段,现在却被用来对付它的发明者。它唤醒了小国的大邻国的自我意识,唤醒了伟大文化空间的自我意识。这些文化空间因其土地长久以来的表现而联系在一起。突然之间,与其他文化领域一样被折磨了数千年的中欧文化领域,开始意识到一个包容世界的共同体和命运。它感到自己从人为的孤立中解放出来,看到自己被接纳到地球上为空间

① *Geopolitik*, p. 132.

而奋斗的共同体中。正是出于这个原因，季风地区的地缘政治巨人及其九亿人争取自决的斗争也意味着中欧人民的命运。

威廉二世所表达的白种人团结的本能在豪斯霍弗身上已荡然无存。他有意地，有时甚至是冷嘲热讽地谴责这种感觉：

> 建立一个白种人集团不是德国人的责任。这个集团已经被那些在莱茵兰地区使用有色人种军队镇压白人种族的人粉碎了。相反的假设"世界上受压迫的人民，联合起来！"出于在道德的基础上可以说更有道理。①

下面的这句引文更加直言不讳：

> 我们必须通过帮助解放那些奋起反抗我们的压迫者的有文化的种族，以抵制半非洲大国（法国）未受过教育的有色人种对我们的压迫。这样，我们将掌握太平洋地缘政治学的未来战略路线：我们有机会在我们被取代的空间积极参与世界政治。②

这些因素和情感背景可以解释德国地缘政治学与太平洋之间命运攸关的联系。但由于德国的地缘政治学和豪斯霍弗是相同的，我们还必须考虑到豪斯霍弗与远东（特别是日本）的紧密联系。如果豪斯霍弗没有决定将世界的这一地区作为其所有计划的中心，德国的地缘政治学就不会转向远东，也不会如此明确

---

① *Zeitschrift für Geopolitik*, 1928, p. 1040.
② *Geopolitik*, p. 242.

地以太平洋为中心。豪斯霍弗不仅在《太平洋地缘政治学》中试图拉近东方与德国人民的距离。早在 1911 年,他的博士论文就涉及日本军事力量的地理基础。1913 年,豪斯霍弗出版了《大日本,反思大日本圈的军事力量、世界地位和未来》(*Dai Nihon*, *Reflections on Japan's Military Power*, *Her Position in the World and Her Future*)。随后,豪斯霍弗其他关于日本的书籍和文章也相继问世。

如果不是日本和中国给他留下人生中最深刻的印象,豪斯霍弗是不会走这条路的。因此,1908 年 9 月的一天,作为巴伐利亚总参谋部 39 岁的上尉,他意外地接到命令,立即动身前往日本执行为期两年的任务,担任巴伐利亚驻日武官。这一天不仅是豪斯霍弗生命中的决定性日子,也是历史上的一个重要日子,因为豪斯霍弗随后开始打造德国远东新政策的武器。此外,正如他最亲密的朋友之一在 1929 年宣称的那样,豪斯霍弗成了"日本自身的地缘政治学顾问"。

我们无法简单描述豪斯霍弗的《太平洋地缘政治学》的内容。正如已经指出的那样,这不仅是一本政治书籍,而且是试图教育德国人民对世界政治有全球观的一本书。只有这样的视野才能让他们"看到"即将到来的"草原强盗和海上强盗"之间的冲突。这是豪斯霍弗从麦金德那里借用的一种他最喜欢的说法。

德国和日本始终站在《太平洋地缘政治学》的背景中。正是这种将太平洋的广阔空间与德国的狭小空间联系起来的尝试,使这本书及其作者成为当今外交政治中一个强大的因素。日本是东方革命的核心。

豪斯霍弗认为日本是一个拥有两张面孔的国家:一张面向

太平洋,另一张面向亚洲。过去,由于地处海岛,日本总是把目光投向海洋。直到本世纪,她才开始在亚洲扩张。

随着岁月的流逝,豪斯霍弗不禁对日本踏上大陆冒险的机会越来越持怀疑态度。他在1938年问道:

> 权力和目的能保持平衡吗? 还是泛亚地区对世界统治的追求会使这个孤立的帝国超越其实力的极限? 她的领导人是否准备好了从大陆而不是海洋的角度来思考问题,因为要完成如此深远的任务,他们就必须这样思考?

同时写的下列句子与他自1924年以来所写的基本上没有区别:

> 符拉迪沃斯托克(海参崴)是日本海军"骄傲的海洋面孔"唯一无法控制的地方,轰炸机中队和潜艇可以从那里被派往日本最脆弱的交通要道和通讯中心。此外,苏联和美国1938年在太平洋北岸合作的可能性逐月增加。柏林—罗马—东京轴心如果在美国所扮演的角色方面自欺欺人,那将是一个巨大的错误。美国与轴心国的对立使它有可能在华尔街的超级资本主义和莫斯科的布尔什维克主义之间的深沟上架起一座桥梁。①

豪斯霍弗充分意识到日本冒险可能出现的悲剧。他多年来一直致力于说服日本与中国和苏联达成和解,并在世界的另一端说服希特勒应该与苏联和平共处。当然,说服希特勒是首要

---

① *Zeitschrift für Geopolitik*, 1938, pp. 937 – 942.

问题。《地缘政治学杂志》的编辑们从一开始就固执地主张与苏联的和解并建立友谊。希特勒对宿敌布尔什维克主义的喧嚣讨伐完全没有影响他们的判断。自 1924 年开始，他们就撰文赞成建立一个包括苏联、日本、印度和中国在内的亚洲联盟，并以德国为合作伙伴。1925 年，一位编辑写道，"德国必须决定自己的立场"，"她是想成为益格鲁－撒克逊大国及其超级资本主义的附属国，与其他欧洲国家联合起来对抗俄罗斯，还是想成为泛亚联盟的盟友，对抗欧洲和美国？"答案是：

> 没有哪个国家比德国更接近俄罗斯。只有德国才能理解俄罗斯的灵魂。德国和俄罗斯几个世纪以来一直是朋友。它们的经济结构是互补的。他们必须休戚与共。1939年 8 月 23 日签订的德苏互不侵犯条约是豪斯霍弗最大的胜利；这使他接近实现他最大胆的梦想。他祈祷道："德国和俄罗斯再也不会因为意识形态冲突而危及其可调整空间的地缘政治学基础。"①

豪斯霍弗 1932 年 2 月写的语句清楚地表明他对俄国——尤其是斯大林——远东外交政策的看法：

> 莫斯科与欧亚国家对印度、东亚和近东事态发展所持态度值得更多的关注。莫斯科是否准备在适当的时候采取行动？这种行动是受俄罗斯的国际政治观念支配，还是受世界革命意识形态的支配？对日政策将是一场考验。斯大林极其谨慎的政策被解释为……这位俄罗斯领导人不能掌

---

① *Zeitschrift für Geopolitik*, 1939, p. 773.

控自己的决定。我认为这是错误的。在我看来,斯大林的政策似乎源于对形势的更好理解,比西方所能感知的要好得多……在莫斯科,人们比在其他地方更清楚地知道,在强大的亚洲态势中,谁能成功地让别人在最后看穿他的计划,谁能最终在权力中心掌握主动权,谁就是赢家。此外,人们也确切地知道来自日本的危险的极限,知道在哪里可以避免日本的侵略性渗透。莫斯科以高超的技巧将选择权交给了神经脆弱的北美人,对于这种假设,确实有迹可循。①

豪斯霍弗以同样的耐心和远见,努力引导日本与苏俄和中国建立友谊。

1940 年 5 月,他写道:"如果旭日东升旗与锤子镰刀旗的国家能够结束彼此的不信任……他们将在国内海域战无不胜。"②对日本和德国来说,与苏联这个"历史的地理枢纽"达成和解是命中注定。麦金德爵士于 1904 年首次向豪斯霍弗提出这一观点。他从未忘记这一点,并将其作为所有重大战略的基础。日本和德国是"内陆线"上的两个站,在铁路和飞机时代,内陆线使大陆大国相对于老化的海上大国具有决定性的优势。但在这两个站之间是俄罗斯。"地缘政治学的未来将属于俄中集团。"因此,他总结道,日本必须协调自身与苏俄的目标。

> 日俄关系的摩擦越少,盎格鲁－撒克逊人和中国人实施分而治之政策的可能性就越小。日本与俄罗斯如果联合,在东亚是不可战胜的……一个由俄罗斯领导的蒙古,一

---

① *Zeitschrift für Geopolitik*,1932,p. 132.

② *Zeitschrift für Geopolitik*,1940,p. 292.

个由日本领导的南满洲,以及它们之间的缓冲区……这可能是一个比凡尔赛体系建构更持久的组合……日本可能成为旧世界大陆政治中具有大陆意识的伙伴……这将使日本在太平洋地区得到完全的保护和行动自由,这是一种具有巨大影响的地缘政治可能性,不仅对日本和俄罗斯,而且对中欧及其敌人也是如此。①

豪斯霍弗在 1930 年的《地缘政治学杂志》(页 961)中提出的未来大战略的概念,比他在期刊上表达得更为坦率:

> 日本人口过剩问题的最终解决方案是向阻力最小的领域扩张……此时,日本的战略仍然告诫她不要直接攻击澳大利亚。但我们不应忘记,今天澳大利亚北部和东北部的热带地区虽然可以为三千万人提供家园,但只为几千名白人提供住所。炎热和潮湿使这些空间不适合白种人的大规模殖民。这里的气候更适合日本人。

在这方面,值得注意的是豪斯霍弗对美国的批评,美国由于其"庞大的殖民空间结构"而无法理解东亚和中欧因人口压力而遭遇的困境。"有一个例外,"豪斯霍弗写道,"有一个叫鲍曼的美国人对日本的人口密度印象深刻,并承认'它必须溢出它的国界'"。② 然而,豪斯霍弗忘记提鲍曼的补充,"(这种溢出)如果不是靠输入,那就是靠输出"。豪斯霍弗完全无视通过国

---

① 豪斯霍弗称其为"从莱茵河到阿穆尔河和扬子江的欧亚大陆组织"(*Geopolitik*, pp. 142 – 143)。

② *Geopolitik*, 1938, p. 212.

际经济合作解决此类问题的所有努力,这是一个典型的例子。①

　　但日本没有听取豪斯霍弗关于要首先打击大英帝国(以及法国和荷兰)的告诫。日本并没有转向南方,而是开始向大陆进攻。豪斯霍弗警告说,这将把中国人和印度人团结在一起,形成一个不可征服的八亿人口的集团。他提醒那些在海军将军面前占据上风的日本将军们,他们必须赢得和平。

　　豪斯霍弗本人并不抱有真正的幻想:

　　　　日本低估了中国的广阔空间,她永远不会理解现代中国的精神。②

他再次强调:"中国是一片海洋,所有汇入其中的江河都将变咸。如果日本向中国渗透太深,她就会被淹死。"如果一个帝国能够以"日本的灵魂,中国的身体"而崛起,那将是一个连苏联和美国这样的帝国都相形见绌的力量。但是,豪斯霍弗知道,这只是一个老人的空想。

　　在现实世界中,只有一个解决方案:必须与"历史地理枢纽"的大国和平合作,坚守住内线。德国和日本都必须寻求与苏联和中国保持和平友好关系。这样日本有了抵御大陆进攻的后盾,然后就可以在太平洋开启建立帝国的大业。但德国和日本都没有听取他们未来导师的话。1941 年 6 月 22 日,豪斯霍弗的计划被巴伐利亚山区的另一位梦想家所粉碎。德国自我毁灭的道路向东展开。

---

　　①　参阅鲍曼在其文章"地理与地缘政治"(Geography vs. Geopolitics, p. 49)中的评论。

　　②　*Zeitschrift für Geopolitik*,1939,p. 30.

敌人是最好的老师,我们必须向敌人学习。麦金德的弟子豪斯霍弗曾预见到的"横贯大陆集团"在苏联的权力中心已经成为现实。其影响遍及整个亚洲,并将深刻影响中国和印度未来的命运。我们不能,事实上任何国家或国家联合体都不能摧毁以集中的地面力量和陆基空中力量为基础的跨大陆集团的根基。我们别无选择,只能适应一种将美国的切身利益与陆地大国的切身利益联系在一起的地缘政治学。

麦金德的心脏地带[*]

请将你的耳朵贴在地上,如果你能听到旅行者的脚步声,请记录下来。

一

与其他在世的人文地理学学生相比,麦金德聆听来自大地不祥声音的时间更长、更深入。他不时地将自己的印象记录在简短的记叙中,将地理智慧与先知般的远见结合起来。这些论述的散文是罕见而有力的诗歌。对麦金德来说,地理学确实是"一种与文学艺术平行并互补的表达艺术……它将价值并列在经过测定的事实旁边。因此,'远景'是它的特征"。

人类陷入困境,笼罩在面前的阴影越来越大,麦金德的话语日益具有警告意味。然而,似乎没有人听麦金德的话,他在黑暗中告诉人们"旅行者的脚步声"。在 1904 年及随后的几年里,麦金德谈到这些不祥的脚步声,但都无人理会。到几年前,他的信息突然又回来了,"就像一个幽灵重新回到它所生活过的没

* Hans W. Weigert, "Mackinder's Heartland", *The American Scholar*, Vol. 15, No. 1(winter 1945 – 46), pp 43 – 54.

有多少荣誉感的世界"。麦金德现在已年过八旬，①他的思想在二战的动荡中迅速变得重要起来，一夜之间成为纸上谈兵的战略家的必修课。"心脏地带"和"世界岛"被不加批判地接受为新地理术语中不可或缺的内容——尽管对如何界定"心脏地带"这一神秘区域的边界，最雄辩的支持者也心存疑问。

围绕心脏地带和世界岛这些流行语编织出的神秘和魅力吸引着他们，这似乎是一种新的地理环境。当得知麦金德对1919年聚集在巴黎的和平缔造者发出的警告已被敌人（豪斯霍弗将军）充分注意并清楚地理解时，他们就更加好奇。豪斯霍弗将军提出了从莱茵河到长江的"跨大陆集团"的蓝图。它将建立在德日与中苏合作的基础上，并通过"和平渗透"最终使德国在陆地大国中发挥领导作用。虽然德国总参谋部采纳了豪斯霍弗的教义，但希特勒却在二战中犯下决定性的错误。他命令他的将军们进攻苏联，从而抛弃了这些教义。

心脏地带的神秘以及麦金德的思想对敌人产生的影响足以引起1942年以后的读者的兴趣，并分散他们对麦金德政治地理学更广层面的注意力。然而，正是这些更广的层面才是新一代和平缔造者的问题所在。

麦金德是现代地理学家中的杰出人物，他展示了历史——运动中的地理——是世界有机体生命的一部分，并把人文地理学体系建立在世界已成为一个封闭单元的理论之上。在"全球战争"和"全球地理"盛行的时代，强调麦金德政治地理学方法的这一基础听起来像是多此一举。不过，"全球"概念是最近才出现的。它们是否能在战争中幸存下来，或者"地理隔离"或

---

① 1946年2月15日是麦金德85岁的生日。

"大陆主义"等竞争性的封闭空间思想能否重新夺回自珍珠港事件以来失去的阵地,还有待观察。只有现在认识到战后的诱惑将是建立一个只有大陆地区主义(continental regionalism)的政治地理世界,特别是在北美和苏联,我们才能充分理解麦金德的贡献。

麦金德认为,他所描述的"哥伦布时代",即持续四百年的地理探索和扩张时期,已经在1900年左右结束。他探索并发现一个新的公式来表达世界历史中地理因果关系的某些方面。"帝国西进路线"的概念以及特纳(Frederick J. Turner)的学说(关于边疆消逝及边疆在美国历史上的重要性),这些都是朝着同一方向的尝试。但麦金德走得更远。1904年,他设想出一种以世界范围的"封闭政治体系"为特征的新历史。他说,

> 社会力量的每一次爆发都不会消散在周围未知的空间和野蛮的混乱中,而是会在地球的另一端产生强烈的反响,世界政治和经济有机体中的薄弱环节将因此而被粉碎。

"心脏地带"的专家们通常忽略麦金德政治地理学的这些基础。他们忘记了,我们无法真正定义"心脏地带"或"世界岛",除非首先理解麦金德理论的前提。世界已经成为一个封闭的系统。在这个封闭的单元中,权力可以在陆地和空中移动,其程度在维多利亚时代的海权时代是不可想象的。维多利亚时代已经过去,但它的思想仍然存在。用史蒂芬森简洁的话来说,人类发现"改变自然的面貌比改变自己的想法更容易"。

二

　　麦金德意识到,维多利亚海权时代已消逝,从而认为欧洲及其政治地理从属于亚洲。正是在亚洲,陆上力量和陆基空中力量有最大的机会挑战世界上现有大国的地位。陆权的机动性(不是陆权本身)与海权的机动性相竞争,已演变成20世纪决定性的地缘政治特征。通过评估海权和陆权之间的竞争和可能的冲突,麦金德发现了"世界政治的枢纽地区":欧亚大陆的心脏地带。他毫不犹豫地预见到,这一地区军事和经济力量日益增强的流动性必将对世界其他地区产生影响。1904年,他还预见到:

　　　　在本世纪结束以前,整个亚洲将会布满了铁路。俄罗斯帝国和蒙古境内的空间如此广阔,它们在人口、小麦、棉花、燃料和金属方面的潜力如此巨大。一个多少有些分隔的经济世界将在那里发展起来,远洋通商将被拒于门外,这是必然。

　　麦金德预测,这一枢纽地区将是世界单元中的一个有机单元。船只无法进入,但铁路网遍布。这一欧亚大陆的大陆盆地被视为新俄罗斯的家园,它是蒙古帝国的继承者。从其中心位置,俄罗斯可以对芬兰、斯堪的纳维亚、波兰、土耳其、波斯和印度施加压力。曾经驱使着草原上骑马的游牧民族向西和向南对抗欧洲定居民族的离心力在俄罗斯的心脏地带仍然是一股生机勃勃的力量。如果有一天它成功地在欧亚大陆的边缘地带扩张,如果有一天它能够利用其大陆资源进行舰队建设,麦金德认为,"一个世界帝国将随之出现"。为了不让人对他的担心产生怀疑,麦金德在四十年前就补充说:"如果德国与俄罗斯结盟,就会发生这种情况。"

一战结束重新审视最初的论文时,麦金德发现他的"1904年的论文仍然足以(解释当时的局势)"。因此,他发出警告:"谁统治东欧,谁就能主宰亚欧大陆的心脏地带。谁统治心脏地带,谁就能主宰世界岛。谁统治世界岛,谁就能主宰世界。"这个口号在我们这个时代被重新拾起,变得特别顺口。大多数不断使用这一口号的人更多的是着迷于其一般性的诉求,而非其地理现实。

1918年的欧亚心脏地带与麦金德1904年"枢纽地带"的边界基本相同。它包括广阔的北极大陆内陆盆地和大陆流域,几乎占亚洲的一半和欧洲的四分之一,并且无法从海洋进入。心脏地带是一个战略概念,包括所有可以阻止海上力量进入的地区。自1904年以来,不断向内延伸、扩张的铁路持续改变着其面貌并验证了麦金德的论点。此后,飞机作为一种新的地理手术工具出现在心脏地带的天空中,麦金德将其视为心脏地带陆上力量的盟友。

麦金德认为,一战是陆上强国与边缘强国之间永恒冲突的高潮,这种冲突得到了海洋强国的支持和滋养:

> 最近,在战争的最后阶段,我们一直在进行陆上强国与海上强国之间的直接决斗。我们已经战胜了,但如果德国战胜了,她将在比历史上任何时候都更广泛的基础上建立她的海上力量,事实上是在尽可能广泛的基础上。

1943 年,麦金德为《外交事务》撰文"环形世界与赢得和平"(The Round World and the Winning of the Peace)。他在文中对心脏地带公式进行第三次也是最后一次检验。对麦金德来说,检验结果是正面的。他发现他的概念"在今天比二十年或四十年前更加有效和有用"。

然而,尽管心脏地带的最初概念基本保持不变,但其边界已发生重大修正。这些修正是为了适应自1904 年和1918 年以来世界政治地理的某些重大变化。苏联的领土仍然等同于心脏地带。但有一个相当重要的例外。苏联境内从叶尼塞河以东开始以勒拿河为中心的一大片地区,现在从原来的心脏地带分离出来。"俄罗斯勒拿兰"(Lenaland Russia)的面积为 375 万平方英里,但人口只有600 万左右。"俄罗斯心脏地区"则占地450 万平方英里,人口增长迅速,目前已经达到 1 亿 7000 万。

以勒拿兰自然保护区为后盾的俄罗斯心脏地带比麦金德几十年前设想的心脏地带更强大。早先看起来只是猜测的事情现在变成了现实。麦金德可以说,"除了极少数商品外,这个国家有能力生产它需要的一切"。他再次看到心脏地带开阔的西部边界。他得出的结论是:"如果苏联作为德国的征服者从战争中脱颖而出,那么她一定会成为全球最伟大的陆上强国。"与麦金德对即将到来的"世界帝国"(1904 年)的愿景相比,这一结论略微逊色一些。此外,这位英国人对俄德地缘政治关系的看法保持不变。

三

对麦金德有力的概括进行批判的任何尝试都应首先承认我

们对他的感激之情。在我们这个时代,他比其他任何人都做得
更多,他将地理作为治国方略和战略的辅助手段。其封闭空间
概念的基本原理在今天如此牢固,以至于我们几乎忘记这个概
念四十年前首次提出时是多么具有革命性。同样的观点也适用
于麦金德的陆权理论,该理论大概出现在维多利亚海权时代的
鼎盛时期。对英语世界的许多人来说,这一理论令人震惊,不可
思议。但在今天回顾麦金德的论文时,我们应该记住,这是一个
从"英国……西方最偏远的角落"看待世界的人的观念。只有
英国人才能像麦金德那样写作。认识到这一点,并考虑到技术
变革甚至超出麦金德的想象,我们今天应该有足够的视角来批
判心脏地带理论。

　　麦金德的心脏地带的逻辑似乎在墨卡托世界地图上表现得
最好(例如麦金德首次绘制蓝图时使用的地图),这也许并非偶
然。心脏地带在这里名副其实。我们看到它被一个巨大的弧形
包围,形成一个内部新月地带,其中包括德国、土耳其、印度和中
国。除了周边国家的新月地带之外,麦金德还设想了一个包含
英国、南非、澳大利亚、美国、加拿大和日本的外部新月地带。墨
卡托投影再次为构建一个在麦金德看来是"完全海洋"和"岛
屿"的新月地带提供了帮助(见下页图2)。

　　然而,如果将墨卡托地图换成地球仪或任何方位角等距地
图,我们发现即使不是不可能,也很难将心脏地带与周围的内新
月地带和外新月地带的这种关系可视化。北美似乎是远离心脏
地带的岛链的一部分,现在却成了一个地理神话。我们看到的
是心脏地带和北美像被命运安排在邻近位置一样(见下页图3)。
把世界之巅的心脏地带看作是政治地理上的现实,这是世界航空
运输新地理教育的结果。我们对心脏地带的看法与麦金德不同,

麦金德的心脏地带

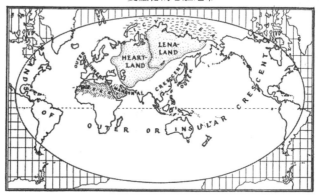

图2:椭圆形包含了麦金德著名的地图,这是豪斯霍弗思想的模型,最初出现在1904年。由于椭圆形掩盖了它位于墨卡托投影上的事实,因此此处的地图已经延伸到矩形的各个角。墨卡托地图对德国的战略产生了深远的影响,但未能揭示北美横跨极地海的关键位置。

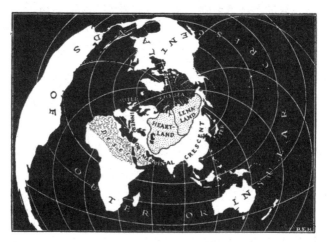

图3:麦金德的名称在这里被转换为以枢纽地区或心脏地带为中心的方位等距地图。这更能揭示心脏地带与其他大陆的关系

审图号:GS(2024)0784号

麦金德从英国出发,把英国的命运放在首位。虽然时间已经证实麦金德关于俄罗斯作为关键地区的陆地大国日益重要的概念,但北极地中海的空中通道为看待北美和苏联的地理关系提供了一种新的方式。当心脏地带的大国在西部遭到德国的进攻时,心脏地带广阔的内陆空间的难以进入变得显而易见,心脏地带在西部向入侵敌开大门。但是,从北美和新的交通方式来看,交通不便和幅员辽阔不再向我们隐藏心脏地带。它不再位于坚不可摧的隔离墙后面。

在《外交事务》的文章中,麦金德似乎对最初关于世界其他地区与心脏地带关系的概念进行了重大修改。我们注意到,最初的心脏地带论点基本上没有改变,尽管对人口稀少的"勒拿兰"地区的强调有所减弱。但 1944 年的麦金德以不同的眼光看待周围的新月地带(尤其是北美作为外围岛国集团的成员)。这一点意义重大。英国最初的观点使北美显得孤立并超出与心脏地带直接相关的权力范围,现在这种观点已被英美世界观所取代。

麦金德是否就这样让批评者噤声了?我想知道。批评者寥寥无几,那些质疑其论文正确性的人一致强调沿海或边缘地带人口稠密地区的关键重要性。但是,过分强调内陆或边缘地带的位置就会忽略两者的互补性及其不断变化的价值。麦金德清楚这些动态。他重新审视并修正了他对内陆和边缘关系的评价。麦金德从英国身上了解到,边缘地区比以往任何时候都更能感受到大陆扩张运动的阴影。因此,麦金德对心脏地带与边缘地带的关系提出了新的看法。这样一来,他就以新的视角设想出心脏地带与英美世界之间的地理联系。他从墨卡托地图转向地球仪。他在北极地区周围,挂上了沙漠和荒野的"罩子"。

这一罩子从撒哈拉沙漠延伸到阿拉伯沙漠、伊朗、西藏和蒙古，继而横跨"勒拿兰荒野"，延伸到加拿大劳伦地盾（Laurentian shield）的原野，直到美国西部的半干旱带。

因此，他构建了一个新的"历史枢纽"：一个包括心脏地带和北大西洋盆地的区域。麦金德由此揭示出世界权力的新支点以及心脏地带与外部世界之间的新关系。从叶尼塞河中心穿过大洋中部到密西西比河谷中心绘制一个大圆弧，我们就可以清楚地看到1944年扩大的枢纽地区。这条弧线穿过法国的桥头堡，越过英国的据点——"一个规模更大的马耳他"——到达美国东部和中部以及加拿大的庞大军火库。这个北美—英国—法国—苏联集团包含一个拥有十亿人口的权力支点。它巧妙地平衡了印度和中国季风地区的另外十亿人口。"那将是一个平衡的地球，属于人类。并且，因平衡而自由、幸福。"

但这种平衡太过巧妙、太过完美，因而不可能是真的。通过将欧洲沿海地区以及北美边缘地区和中部地区包括在内，麦金德明智地承认了一个重要的地缘政治事实。北美不再是单独的外新月形区域的一部分，她的安全区通过英国延伸到西欧的边缘地带。然而，麦金德仍然以英国人的眼光看待世界。在他的观念中，"中部海洋"是使联合国集团（不包括中国）成为一股生命力量的主动脉，而英国就是至关重要的一环。他想证明的难道不是太多了？他关于陆上力量（加上陆基空中力量）挑战维多利亚时代残余势力这一历史阶段的经验教训，难道没有引导我们找到从北美延伸到心脏地带的其他路线吗？

这些路线虽然通过加拿大触及英联邦的生命线，但并未触及英国。麦金德的最新愿景将"勒拿兰"以及苏联的整个亚洲部分推入背景。如果从不列颠群岛观看心脏地带，这似乎合乎逻辑。然而,从北美任何地方看心脏地带,人们就会发现这样一个事实,即大洋中部通道绝不是连接北美和心脏地带的唯一通道。北大西洋已建成的海上航线现在是并将继续是成本最低的航线。但在未来的几年里,横跨阿拉斯加和格陵兰—冰岛大桥通往心脏地带的新高速公路和空中通道的交通量将会增加。虽然意识到气候障碍将始终阻碍美国和俄罗斯向北扩张,阻碍他们对北极领地进行大规模殖民和土地利用,但我们不能从新世界观的蓝图中消除北方联系。这些联系不仅体现在空中通道上,还体现在新的内陆交通和海上通道上。这些海上通道由气象站、飞机和破冰船开辟。此外,还有一些新的内陆公路正在建设中,将把心脏地带和北美与中国连接起来。随着殖民帝国主义的消逝,香港和上海这两个中国的老门面正在慢慢瓦解。

　　麦金德的陆权堡垒依然屹立——而且比以往任何时候都更加强大。在当今世界舞台上发挥主导作用的不仅仅是心脏地带的土地特质。同样重要的还有丰富的资源和使一个国家伟大的无形的人力资源。在不断缩小的世界的政治和经济地理中,位置不是一个静态元素。它的价值不断变化。美国和苏联即将修改他们的政治地理联系。两个国家的北上路线造成了一些重大变化。同样,中苏关系也将发生根本性的变化。在未来几十年里,这两个国家之间漫长的内陆边界将变得越来越重要。那些具有刺激性或传染性的思想不会被古老的城墙所阻挡。这种接触将影响世界其他地区,尤其是心脏地带的作用。

　　最后,还有人的因素:在能够改变心脏地带与世界其他地区关系的因素中,大国之间活力的差异至关重要。人力资源的平衡正在发生变化。目前,这种转变有利于苏联内部蓬勃发展的国家,而且在未来几十年还将继续如此。亨廷顿(Ellsworth

Huntington）强调的事实是，生物遗传在心脏地带的人身上产生了一些品质，从而弥补了气候上的不利条件。这一趋势突显了麦金德心脏地带愿景的重要性。然而，未来世界人口演变的周期增长过快——尽管战争造成了骇人听闻的流血牺牲，但人口仍在增长——这将使中国和印度等新兴大国的人口问题成为一个世界性问题。此外，它将深刻影响心脏地带民族和西方国家的权力地位。

我担心，麦金德的新均势学说（即把世界分成两个平等的、"因此是自由的"半球，每个半球各有十亿人）是建立在流沙之上的结构。麦金德学说的弱点并不在于它强调陆权堡垒在世界事务中的关键作用，而在于它试图构建一个可以永久适用于心脏地带与世界其他地区关系的权力平衡公式。自麦金德第一次证明地理意识对于获得有效的世界观至关重要以来，新的枢纽区域已经发展起来，而且还会出现其他枢纽区域。美国实力的增长促使麦金德修改了其公式。其他地区及其民族将进入成熟期，新的交通线将改变国际关系。任何均势理论都无法永久解决未来的地缘政治问题。这是麦金德本人教给我们的重要一课。世界各国已经意识到，他们从此必须生活在"一个封闭的体系中，他们做的任何事情当中，没有哪一件不会遇到从地球的另一端传回的强烈的反响"。

索　引

图书在版编目（CIP）数据

地缘政治学的黄昏：将军与地理学家 ／（美）汉斯·魏格特（Hans W. Weigert）著；汪瑛译 . -- 北京：华夏出版社有限公司,2024.6

（西方传统：经典与解释）

ISBN 978 - 7 - 5222 - 0705 - 6

Ⅰ.①地…　Ⅱ.①汉…②汪…　Ⅲ.①地缘政治学 - 研究　Ⅳ.①K901.4

中国国家版本馆 CIP 数据核字（2024）第 112161 号

审图号：GS(2024)0784

地缘政治学的黄昏——将军与地理学家

作　　者	[美]汉斯·魏格特
译　　者	汪　瑛
责任编辑	马涛红
美术编辑	赵萌萌
责任印制	刘　洋
出版发行	华夏出版社有限公司
经　　销	新华书店
印　　刷	三河市万龙印装有限公司
装　　订	三河市万龙印装有限公司
版　　次	2024 年 6 月北京第 1 版　　2024 年 6 月北京第 1 次印刷
开　　本	880 ×1230　1/32
印　　张	8.75
字　　数	190 千字
定　　价	68.00 元

华夏出版社有限公司　　地址:北京市东直门外香河园北里 4 号　　邮编:100028
网址:www. hxph. com. cn　　电话:(010)64663331(转)

若发现本版图书有印装质量问题,请与我社营销中心联系调换。